精彩故事36

名臣良将的故事

主编：谭 璐 刘 宇
编委：李金成 万 婧
　　　郑 瑶 辛 军
　　　杨林君 唐志英

四川出版集团

天地出版社

图书在版编目（CIP）数据

名臣良将的故事/谭璐，刘宇主编.—3版.—成都：天地出版社，2012.6（2015.4重印）

（精彩故事360）

ISBN 978-7-5455-0720-1

Ⅰ.①名… Ⅱ.①谭… ②刘… Ⅲ.①儿童故事–作品集–世界 Ⅳ.①I18

中国版本图书馆CIP数据核字（2012）第143167号

MINGCHEN LIANGJIANG DE GUSHI

名臣良将的故事

谭 璐 刘 宇 主编

天 地 无 极 世 界 有 我

出 品 人　罗文琦

责任编辑　叶　健
封面设计　毕 生　武 韵
版式设计　金娅丽
责任印制　田东洋

出版发行　四川出版集团·天地出版社
　　　　　（成都市三洞桥路12号　邮政编码：610031）
网　　址　http://www.tiandiph.com
　　　　　http://www.天地出版社.com
电子邮箱　tiandicbs@vip.163.com

印　　刷　北京旺鹏印刷有限公司
版　　次　2012年6月第三版
印　　次　2015年4月第二次印刷
成品尺寸　850mm×1168mm　1/32
印　　张　5.875
字　　数　127千
定　　价　11.00元
书　　号　ISBN 978-7-5455-0720-1

内容简介

　　我们伟大祖国历史悠久、英雄辈出，涌现出了不少的名臣良将，他们给后人们留下了无数的传说和故事。他们，犹如灿烂的群星，辉映着历史的天空。

　　古往今来，许许多多的名臣和良将，他们为了自己民族的繁荣和发展，为了保卫国家的独立与主权，维护民族的荣誉与尊严，保护广大老百姓的利益，做出了杰出的不朽的贡献。他们，是中华民族的脊梁，中国人民的骄傲。

　　《名臣良将的故事》用鲜活的语言、跌宕多姿的情节，宏大的场面演义出了他们那可歌可泣的曲折故事。其间，一个个血肉丰满的历史人物向我们迎面走来，使我们似乎与他们汇融到一起了，正在与他们同呼吸，共命运，使我们仿佛觉得正与他们一道正在为创造历史而奋斗着。

目　录

老将军赵充国

1. 脱颖而出

汉武帝自从派遣苏武出使匈奴后，由于一直没有音讯，又不断接到匈奴奴隶主贵族骑兵入境骚扰的报告，更觉得有必要再次出击匈奴。天汉二年（公元前99年），汉武帝命贰师将军李广利统率三万骑兵，为汉军主力，出酒泉进击；李陵领五千步兵，从居延北进，配合主力作战；同时又派遣一名由匈奴投降过来的将领领一支队伍，袭击匈奴奴隶主的重要屯田基地——车师（今新疆吐鲁番盆地）。

说起这个汉军主力统帅李广利，还真有点来头：他是汉武帝所宠爱的李夫人的哥哥，也就是通常所说的国舅爷。汉武帝为了让这位小舅子立些军功，以便封赏，早在五年前，就曾派他率领六千精骑及数万步兵，往大宛的贰师城索取良马，所以号贰师将军。汉武帝本来以为进攻大宛至多只要派几百名骑兵就可以取胜，给他几万大军，必能"马"到成功。谁都在汉军出师历时整整两年，将士损失十分之八九。李广利狼狈败退到敦煌，并且上书给皇帝，要求允许他回来。汉武帝大怒，命令玉门关的守将，把李广利的部队全部拒之于关门之外。不久，他再调数十万大军全力增授李广利，又经过两年劳师耗饷的战争，总算弄到了几匹大宛良马，于是封李广利为海西侯。

李广利既然是这么个无能的角色，叫他领兵出击匈奴，当然不会有什么好结果。三万汉军在天山东麓与匈奴右贤王的军

队遭遇，起初取得了一些胜利，但是匈奴右贤王随即调集重兵，反而将汉军团团包围了起来。

汉军被围后。李广利知道情势严重，损兵折将还可以向妹夫皇帝报销，丢了性命可就再也捡不回来了。他命令将士们突围，但是冲了好几次，都没有冲出去，急得像热锅上的蚂蚁，团团儿打转。

第二天，第三天……一连几天，匈奴骑兵铁桶似的在四面紧紧围住，汉军冲不出去，粮食倒吃光了。李广利叫天天不应，喊地地不灵，只好盘算着向匈奴投降。

他把将领们召集到一起，哭丧着脸说："咱们被匈奴围困了这许多天，眼下大家都已经饿着肚子，更加突不出去。汉天子也不知道我们被敌人包围了，不可能派来救兵。咱们与其困在这儿等死，不如，嗯，这个，不如，还是不如……"

李广利欲说还休的下文，在场的将领个个心中有数，就是"投降"二字，只不过因为他身为全军统帅，不好意思直说罢了。他心里指望哪一个部下把这两个字讲出来。不料，就在他吞吞吐吐"不如""不如"的当儿，一个雄壮的声音喊道："不如豁出性命冲出去！"

说这话的，是假司马（即代理军司马，在军中协助将军掌管军政和军赋的官）赵充国。

"冲出去？"李广利把头摇上两摇，叹了一口气，"谈何容易啊！咱们从被围的第二天起，冲过多少回，死了多少人，要冲得出去，这会儿早已在塞内了。我是说，与其等死，不如……"

"与其等死，不如战死！"又是赵充国大声接过了话茬，但是又一次说出了与李广利相反的意思。

"战死？嘿嘿，前几次突围，冲在前面的将士不都死了吗？怎么没有看见你呢？"

"我身为假司马，自然有假司马的职责。而且，将军并没有给我下过冲锋突围的命令，我怎么好随意行动？"

赵充国说到这里，顿了一顿，故意给李广利搭梯子铺台阶，好让他改变主意，然后说："我也知道将军的本意，原来是要说：与其困死，不如拼死；与其等死，不如战死。将军是要选一员不怕死的战将，所以用激将法激咱们自告奋勇！"

李广利没想到赵充国会这么说，先是一愣，但是马上意识到对方是在给自己面子，也就顺水推舟，用规劝的口气说："你杀敌壮志令人钦佩，可惜正式出征还是第一次，对匈奴骑兵的剽悍很少了解……"

"不！将军，我虽然是初次出征。当上汉军骑兵却已经二十来年，当羽林骑（皇宫禁卫骑兵）也有好几年了。况且，我家乡就在陇西，从小练兵习武，知晓敌情，怎么能说我对匈奴骑兵很少了解呢？"

"如果由你率领一支队伍担当突围的前锋，你看须带领多少人马？"

"兵不在多，而在勇！多则一千，少则一百，无可无不可。只是要让我挑选勇敢能战的。"

李广利没有话可说了，但是却不肯多给人马，只同意赵充国挑选一百壮士，作突围前锋。他暗暗对自己说：让他去突围吧，突出去，算他的本事，我的造化；突不出去，算他倒霉，我也有了投降的理由。

赵充国可不计较兵多兵少，得到将令，骑着马在军营中驰骋起来，一边大叫："汉军被围，不战即死。大丈夫立功报国，就在此时！我为前锋，须选一百名壮士随我冲锋，谁愿杀敌报国的，跟我来！"

他胯下的战马才跑了两圈，后面已经跟了一大群骑兵，大略数了数，有一百多人。李广利不便再挑剔限制，也就答应让他们去试一试。

汉军将士大多不愿意投降匈奴奴隶主贵族，得知赵充国要率军突围，都把剩下的干粮拿出来，让壮士们吃了一饱。赵充国感谢大家的支持，最后向壮士们说了几句激励士气、鼓舞斗志的话，一马当先冲了出去。

匈奴右贤王的部队，将汉军包围了好几天，见一支骑兵冲将出来，连忙蜂拥上去拦截。赵充国浑身是胆，勇不可当，率领着壮士们浴血奋战，杀得匈奴奴隶主贵族官兵哭爹叫娘，死伤无数。右贤王起初倒也惊慌，但是看看这支汉军骑兵，不过百把人马，不像大军突围的前锋部队，只怕那是佯攻的诱兵，赶紧吩咐四面八方的部下，稳住阵脚，防备汉军主力突围。他哪里知道，李广利根本就没有再从别的方向突围的打算，而赵充国这支百把人的骑兵，竟是汉军突围的唯一的前锋人马！

尽管右贤王如此吩咐，拦截赵充国的匈奴奴隶主贵族骑兵，还是有几千人之多。赵充国和壮士们恰如一柄锋利的匕首，他本人便是匕首的尖端。锋芒所指，匈奴官兵纷纷倒下；马蹄过后，沙场上留下了一片敌尸。这支铁骑荡开一条血路，呼啸着突出了匈奴官兵的重围。李广利见前锋杀出，哪里还敢迟慢，立即带着大队汉军，紧紧跟了上去。

右贤王发觉汉军已经突破重重包围，赶快指挥部下合拢追杀。李广利只顾自己逃命，把汉军后队丢在脑后，后队被敌人捎住，受到了重大损失；倒是赵充国发现了这一情况，率领着部下一百壮士，返身驰回后队，同匈奴骑兵鏖战，掩护了汉军大队人马的撤退。

汉军奔回玉门关内，李广利检点人马，损失了十分之六七，但是总算避免了全军覆没，而自己居然绝处逢生，更是不能不感激赵充国。他向浑身是血的赵充国表示，要替他向汉天子请功。赵充国抚摸着刚刚包扎好的伤口，淡淡一笑，语言讥讽地说："还是将军当初激将有智，指挥突围又得当，我们才能顺利撤回！"

李广利只听了赵充国那句话的表面意思，竟然非常高兴。他在给汉武帝的奏报中，陈述了赵充国的英勇表现。

自从李广利出师后，汉武帝一直关注着这支部队的消息。派出接应的三路汉军：李陵一路遇到匈奴主力，已陷入重围，没有希望了；进攻车师的那一支，也因为遇到增援的敌军，失利退回；李广利的部队是汉军的主力，已经有许多天没有音讯，凭这国舅爷的本事，弄不好又是打大败仗。三万人马要真是全军覆没，对于汉朝的打击实在太大了。所以，当时正在行宫的汉武帝，接到李广利的报告后，惊喜交加，立即下令，召赵充国来晋见。

赵充国奉召来到行宫，汉武帝询问了这次突围的经过，并叫他将衣服解开，亲自验看受伤的地方。赵充国脱去衣服，竟是浑身血迹斑斑，伤痕累累，共有二十多处，而且由于创深伤重，大多没有收口。汉武帝十分感动，赞叹道："真将军也！"

并任命他为中郎将。不久，又提升他担任车骑将军长史（协助车骑将军的高级属官）。

至于那个畏敌如虎的李广利，九年后又率领七万汉军进攻匈奴，结果被打得大败，终于投降了匈奴奴隶主贵族，后来给单于杀掉了。

2. 老将请命

赵充国突围敌军后，名扬敌国，威震敌胆。以后，他在保卫边疆国土、抵御外来进犯的战斗中，又屡屡取得胜利。有一次还活捉了匈奴的一个奴隶主王爷。

神爵二年（公元前60年），匈奴王单于带领十多万贵族骑兵，从漠北南下，企图进犯汉朝。这时的皇帝——汉宣帝得到消息，立即派已经被封为营平侯的赵充国统率四万骑兵，驻屯在北方九郡（今河北、山西、陕西三省北部和内蒙古一带），负责保卫边疆。匈奴单于探知是赵充国领兵驻守着汉朝北方边境，自料不是这位老将军的敌手，十万人马走到半路，就回转漠北去了。

然而，赵充国一生最大爱国功绩，还不是壮年时抵御匈奴奴隶主贵族，而在于老年后抗击羌人奴隶主贵族。

羌人与匈奴一样，都是中国的兄弟少数民族，主要游牧生息在汉朝的西部地区。他们的社会制度、生活习惯都和匈奴差不多，当时也由奴隶主贵族统治着。羌人奴隶主贵族骑兵时常骚扰汉族居住的地区，也是汉朝的一大边患。当年汉武帝派骠骑将军霍去病三出河西，将匈奴赶跑后，曾下令不准羌人进入湟水（黄河上游支流，位于青海省东部）以北。这样做的目的，一方面是使汉朝至西域的道路保持畅通。另一方面，也是要阻隔羌人与匈奴的联系。万一这两股奴隶主贵族势力联合起来，汉朝边境的安全就会受到很大的威胁。

汉朝政府想到的事，匈奴与羌人奴隶主贵族自然也都想到了，并且当真暗暗勾结了起来。元康三年（公元前63年），汉宣帝派光禄大夫义渠安国（姓义渠，名安国）出巡羌人地区。羌人的一个大部落先零羌的奴隶主首领，就向义渠安国提出，要求汉朝政府解除不准羌人渡过湟水的禁令，让他们到湟水以北放马牧羊，实际上是企图与匈奴势力联成一气。

义渠安国根本不了解羌人奴隶主贵族渡湟水的真实意图，对于匈奴奴隶主贵族的阴谋更是一无所知。他把羌人奴隶主贵族的要求向汉宣帝作了转奏，并且建议允许他们渡过湟水。

可是赵充国早在青壮年时代，就对威胁汉朝安全的各种外部势力，作过认真的了解和分析，对于匈奴与羌人奴隶主贵族的情形，尤其通晓明白。他一眼看穿羌人奴隶主贵族的阴谋，立即向汉宣帝指出：义渠安国没有尽到使者应尽的责任，应该拒绝羌人的这一无理要求。

汉宣帝不知到底听谁的好，一时拿不定主意。而就在汉朝政府既未答应又未拒绝的情况下，先零羌奴隶主首领借口已经向义渠安国提出过"渡湟北牧"的要求，竟然不管汉朝政府是否同意，强行渡过了湟水。

以后的事实。完全被赵充国言中：先零羌跟别的一些羌人部落结为同盟，暴露了羌人奴隶主贵族准备大规模进扰汉朝边境的意图。

汉宣帝感到事情棘手，想起了当初坚决反对羌人渡湟水的

赵充国，于是把他请来，问有什么办法可以对付羌人。

赵充国对羌人情况了如指掌，汉宣帝一问，他马上回答："三十多年来，羌人几次进犯汉朝，每回不是先内部结成同盟，就是先同匈奴有所勾结。臣怀疑匈奴已经派人进入羌人地区联络，羌人几个大部落也已经结了盟，订了约，估计不用很久，必趁秋高马肥，兴兵来犯！"

"情势如此紧迫，依你说该怎么办？"

"办法有两条。一是派使者巡察羌人各个大部落，不让他们结成同盟；如果羌人已经结成同盟，那也能及早发觉。二是迅速传告边郡汉军，提前做好战斗防御准备，以免到时候措手不及。"

"有理，有理！"汉宣帝眉头上的结松了开来，"那么，你说说看，巡察羌人各部落的使者派谁为好？"

"臣以为派酒泉太守辛武贤前往比较适宜。"

汉宣帝完全同意赵充国提出的对付羌人的两项措施，但是，在决定入羌使者人选的问题上，却听从了别人的意见，又派了那个成事不足、败事有余的义渠安国。

神爵元年（公元前 61 年）春，义渠安国到了羌人聚居的地方。可他没有按照赵充国的策略行事，却自作主张，把先零羌的三十多个部落的首领召集起来，不问青红皂白，全部砍了头。同时，他又纵容部下袭击羌人各个部落，杀了一千多人。

义渠安国的行为，就像干柴点燃了烈火，把许多羌人首领都激怒了。羌人贵族骑兵纷纷冲进汉朝的边塞，攻破一些城池，杀掉那里的汉朝官吏。义渠安国率领的三千人马，也遭到羌人贵族骑兵的袭击，损失了许多兵器物资。义渠安国捅了漏子却补不了洞，只得匆忙撤退，向汉宣帝告急。

汉宣帝得到警报，不免惊慌，连忙叫御史大夫（相当于副丞相）丙吉，去找赵充国，问他哪一位将领有勇有谋，可以统率汉军同羌人贵族骑兵一战。在汉宣帝看来，这时年已七十六岁的赵充国，领兵打仗虽然太老，物色推荐将才还是可以的。

谁知赵充国早已从羌人奴隶主贵族蠢蠢欲动的表现，估计到当时情况的严重，并且怀着一颗杀敌报国的雄心，作好了奔赴战场的准备。丙吉一开口，他就直率地自荐说："没有谁能够超过老臣我的了！"

丙吉向汉宣帝作了汇报。汉宣帝对赵充国的大智大勇完全信任，但是却不知他准备采取怎样的作战方略，就再叫丙吉去问："将军认为应该如何对付羌人？出战须用多少兵马？"

赵充国没有直接回答，而是告诉丙吉："百闻不如一见。战争的事可不能坐在遥远的地方先下结论。我愿意亲自到前线去看看，然后再向皇上报告。"

"那也好。"丙吉点了点头。

"还有，你可以先转告皇上，平定羌军的反叛不会太久。陛下放心交给老臣我好了，用不着担忧。"

丙吉回去这么一说，汉宣帝果然不再忧心忡忡，笑道："行，就照他说的办吧！"

3. 计深谋远

神爵元年四月，赵充国正式担任了统帅，率军到达金城（今甘肃兰州西北），与羌人奴隶主贵族骑兵占据的湟北只隔着一条黄河。

　　为了防备羌兵趁汉军渡河到一半袭击，他先在夜里派遣骑兵，人衔枚（形似竹筷，士兵行军时衔在嘴上，以免讲话出声），马笼嘴，悄悄地渡过黄河，列成阵势。次日清早，他再率领大部队渡到了河西。

　　汉军刚刚安营，就有一支羌军骑兵前来奔驰窥探。好几名将领请求出战，消灭这小股敌人。可是赵充国不同意，说："我军人马刚到，立足未稳，不可轻易出击。再说，万一那只是羌军的诱兵之计，岂不正好中了圈套？"

　　有一个将领想夺头功，仍然坚持说："那就让末将率领一队骑兵前往，打得赢就打，打不赢就跑，反正吃不了亏，或许还能占点便宜。"

　　"不行！"赵充国还是不答应，"我军出战，应当以歼灭敌人为目的，可不能贪图小利，影响大局！"

　　汉军按兵不动，那一股羌兵在远处奔了几个来回，终于朝北跑掉了。

　　赵充国只当没有这回事，等全军安营停当后，即派出几小队骑兵，四处侦察敌情，了解地形。

　　根据这些骑兵的报告，他很快就判断出敌人主力在北边；而往北的通道叫四望峡，山高势险，易守难攻，恰恰没有羌兵把守。机不可失，兵贵神速。赵充国立刻命令汉军拔营，连夜过峡。

　　过了四望峡，赵充国对于战胜羌军更有把握了。他向将领们说："我敢肯定，羌人根本不懂军事。要是他们在这儿派几千士兵守住，我军人马再多，也难以通过这道峡口啊！"

　　将士们增强了信心，继续北进，一直抵达羌军主力跟前，安营扎寨驻下。

两军对垒,势必一战。羌军锐气方盛,却是若干部落拼凑而成,有军心不齐的弱点,所以企图速战速决。羌人骑兵于是接二连三地到阵前挑战,企图与汉军决一胜负。但是赵充国知己知彼,羌军越是挑衅叫嚣,他越是严令坚守不出,以此磨掉羌兵的锐气,进一步离散敌方的军心。

日子一长,羌人各部落首领渐渐沉不住气,互相埋怨说:"我说不要反汉,你们偏要反。现在好,汉天子派遣赵将军来,听说他是一员八九十岁的老将,很会用兵。咱们就是想同汉军狠狠打一仗,拼个你死我活,也办不到啊!"

赵充国一面坚守不出,与羌军对峙,一面加速了分化瓦解敌军的工作。先零羌奴隶主贵族谋反之前,羌人一个大部落的首领靡当儿,曾派他的弟弟雕库向驻在金城的汉朝西部都尉报告消息。由于先零羌奴隶主贵族反汉时那个部落跟一些人参与,汉朝西部都尉竟不分青红皂白,把雕库扣押了起来。赵充国听说这件事,立即下令释放雕库,并且叫他回去转告羌人各部落的首领:这次汉朝大军前来,只杀那些有罪的羌人奴隶主贵族,大家别和这种人混在一起,自取灭亡。汉天子有令,羌人各部落有罪的人,如能捕杀另一个有罪的人。可以免除本身的罪;杀一个有罪的奴隶主贵族大酋长,赏钱四十万;杀一个有罪的奴隶主贵族中等酋长,赏钱十五万;杀一个有罪的奴隶主贵族小酋长,赏钱二万……

但是赵充国刚刚放回雕库,就接到了汉宣帝的诏书,催他快点进攻,争取早日获胜,并要他把最强大的先零羌骑兵暂且搁一搁,先打其他的羌人部落的奴隶主贵族。

在当时，向来是皇帝一人说了算，违反诏书就是"抗旨"，要杀头的。但是，赵充国以国家利益为重，立即上书申述自己的正确主张。奏书的最后，有这么几句：

臣位至上卿，爵封列侯，年纪也活了七十六岁，为了国家，就是填沟壑、抛尸骨，也没什么可犹豫的。只是臣对于军事上的利害知道得很清楚，不能不坚持自己的意见。

赵充国于6月28日送出奏书，通过驿站递送到京城，7月6日就得到了汉宣帝表示同意的御旨。从金城到长安，往返二千九百里，只七天便收到答复。由此也可见赵充国以国家利益为重的主张多么有说服力，汉宣帝又是多么重视这位老将军的意见。

这时，先零羌的贵族骑兵由于汉军长时间没有出击，防备渐渐松懈，加上雕库被放回后宣传了汉军惩罚有罪者、奖励有功者的政策，更是军心涣散。赵充国不失时机，指挥养精蓄锐已久的大军，突然以排山倒海之势、雷霆万钧之力，猛地冲向敌阵。先零羌贵族官兵见势不妙，纷纷丢下车辆辎重，仓皇向湟水方向逃命。

汉军一举克敌，击溃先零羌贵族骑兵。可是，正当将士们要催马加鞭乘胜追击的时刻，赵充国却下令，要汉军"徐行驱之"——慢慢地在后面追赶。

将领们这回可不服气了。这个说："老将军，从此地到湟水，一路上道窄难行，正是掩杀敌人的大好机会，怎么反要慢慢地赶呢？"那个讲："老将军，前面既然有湟水阻挡，咱们更应该趁机追上，将敌人全部歼灭。慢慢地赶，岂不是会放跑了敌人？"

赵充国反问大家："你们说，这支羌兵是不是已经陷入了走投无路的困境？"

"那还用说！"将领们齐声回答。

"这就好。《孙子兵法》上说：'穷寇勿追。'眼前这支羌兵已经到了山穷水尽的地步。如果我军慢慢地赶，他们会如惊弓之鸟般朝前跑，到头来大多逃不掉；如果急急地追，他们会不顾死活地回过头来与我们硬拼。你们说，是穷追一气好呢，还是徐行驱之好？"

"当然是徐行驱之好。"将领们点头笑道，"老将军果然谋略深远，言之有理。"

赵充国挥挥手："那就慢慢地赶吧！"

由于赵充国采取了正确的战略战术，那些先零羌奴隶主贵族的逃兵，果然头也不回地仓皇逃命，有的失足山谷坠死，有的掉进湟水淹死，有的扔下兵器投降。这一仗，奴隶主贵族羌军溺死好几百人，投降和被斩首的也有五百多。汉军还掳获了许多牲畜、车辆。

赵充国大败先零羌贵族骑兵后，紧接着，便将汉军带到一支羌部落的地界驻扎下来，并且向部下将士下达了不准放火焚烧房屋和不准放牧践踏田地的命令。

这支羌人部落的首领名叫靡忘，与雕库的哥哥靡当儿关系很密切。他早就听说了汉军惩罚有罪者、奖励有功者的政策，如今又亲眼看到赵老将军治军严厉，令行禁止，于是亲自来到汉军营中，表示愿意归顺。

赵充国来不及向远在几千里外的皇帝请示，毅然决定热情接待靡忘，并宴请了这位羌人首领，然后派人送他回去。

汉军中有的将领反对优待释放这个反叛的羌人大酋长，他们对赵充国说："靡忘是反酋，怎么可以放跑？"

赵充国回答："我们放了靡忘，正是为了让他回去宣扬汉朝的恩德。"

"老将军想过没有，万一朝廷怪罪下来，您担当得起这个责任吗？"

"怎么没有想过？我敢做敢当，一旦朝廷怪罪，责任全由我一人承担。"

"老将军还是再想想吧，这个责任可不小哩！"

"我当然知道这件事的责任有多大。但是我们不能只顾自身的利害安危而不顾国家大计。我没有想自己的结果会怎样，只不过认为这样做对国家有好处，那就做吧！"

赵充国从国家利益出发，甘愿承担责任，释放靡忘。靡忘大受感动，后来果然诚心诚意与汉朝和好。羌人奴隶主贵族反叛势力，也就更加孤单了。

4. 屯田奏凯

由于靡忘的归顺，羌人贵族叛军先后投降汉军的，总计已有一万多人。赵充国从这件事得到启发：对付羌人奴隶主贵族的叛乱，单靠用兵恐怕难以取胜，而用计谋倒是比较容易奏效的。眼下汉军既为了避免战斗损失，不宜进击，又为了防备叛乱再起，不宜班师，所以最好是采用屯田的办法，即撤走开支浩大的骑兵，留下一万步兵在当地耕种备战，最终消除叛乱。

　　赵充国计谋已定，决意向皇帝上书提议屯田。可是就在此时，这位不辞辛苦、鞍马劳顿的老将军，因为患秋季腹泻和老年腰腿痛，一时卧病不起。而更叫他感到心烦的是，恰恰在他支撑着病体握笔写屯田奏章时，汉宣帝送来了要汉军迅速出击的诏书。

　　汉宣帝在诏书中表示了对赵充国病痛的关怀和问候，并且说，要是老将军身体不好，就留在原地休养，让破羌将军辛武贤和强弩将军许延寿率领汉军进攻。

　　赵充国读了诏书，思前想后，总觉得进兵不是上策，决定立即上屯田奏，说服皇帝改变主意。

　　这时，赵充国的儿子赵卬，正带领着一支精锐骑兵在军中听候调用。他得知父亲又要抗旨，而且这回是关于出战与否的，性质比上次争议先打哪路敌军更为严重。赵卬了解父亲的性格，估量自己怎么劝说也没有用，就托一位朋友当说客，去劝阻这件事。

　　这位说客见了赵充国，开门见山说："既然皇上要我们出击，老将军何必固执己见反对呢？反正这次出击您可以不去，如果辛武贤、许延寿二位将军出师失利，必将举国震动，那时您再坚持自己的意见，不是更显得正确吗？"

　　赵充国听了，不禁勃然大怒："你怎么可以说出这样对国家不负责任的话！"

　　说客没有想到老将军会发那么大的火，尴尬极了，红着脸，一声也不吭。赵充国改换了口气，叹道："当初皇上要派使者入羌巡察，不就因为没有听从我的提名，派了义渠安国，结果导致羌人反叛吗？这样的例子不止一个。真是俗话说的

'失之毫厘，差之千里'啊！"

"不过，现在老将军要提出争议的，只是一个战役的利弊得失，至多关系到同羌人的战争形势，并不涉及国家安危，不说也罢。"那位说客想了想，提议说。

"哪里只是同羌人一个战役有关！比如，北方的匈奴现在就蠢蠢欲动。汉朝要是出战失利，匈奴很可能会乘虚而入。这，难道不是牵涉到国家的安危吗？"

"唉，老将军一心想着安邦定国，这我也知道。可是，万一皇上被您触怒了，派一位能操生杀大权的人来问罪，只怕您自己的性命都不能保全，还谈得上安邦定国吗？"

"管不得那么多了！我决心坚持自己的主张，至死不悔。我也相信皇上是会采纳我的意见的，迟早而已。你不要多说了，我还要赶写奏章呢！"

赵充国送走了客人，继续挥笔写了起来。

他先是说明了不宜出击的理由，接着便提出了留下步兵屯田的建议，诸求皇帝务必批准。

汉宣帝接到奏章，交给群臣讨论，可是满朝文武十个人当中只有三个同意，倒有七个表示反对。汉宣帝举棋不定，回书问赵充国："照你的计划，敌人什么时候可以消灭？战争什么时候可以结束？请你提出一个切实可行的办法来。"

赵充国马上写了第二份屯田奏章，充分列举了屯田的十二项好处，并且指出，如果屯田的办法现在就实行，虽然不能立刻歼灭敌人，但是军事行动大约在一年内就可以结束。

奏章送到京城，这一回文武大臣同意的和反对的各占一半了，也就是说，有些原来的反对者开始被赵充国说服，转变成为同意者。但是汉宣帝心里仍感到不踏实，再次回书，要赵充国讲清，一年结束军事行动的一年到底从几时算起，万一情况发生变化怎么办？

赵充国认定了真理就坚持到底，他第三次上屯田奏章，详细地论述了屯田的作用和意义，要皇帝消除顾虑，尽快实行。

汉宣帝接到奏章，照例又发交大臣们讨论。结果，十人中有八人同意，连原先竭力反对屯田的一些人，也都纷纷赞成："好计！好计""可行！可行！"汉宣帝问这些人："你们为什么原先反对，如今却表示同意？"那些官员只当皇帝责怪自己当初不该反对，或是怀疑自己在随大流，一时答不上话，只顾磕头，还是丞相魏相讲出了真正的原因："臣愚昧不懂军事，赵老将军谋之有据，言之有理，所以臣认为他的计议是切实可行而且将是行之有效的。"

对于屯田计划已经完全心悦诚服的汉宣帝，马上回书给赵充国，热情地赞扬了他的屯田计划，一切照办。最后，还勉励他，为了主持军事大计，希望他多多保重身体。

由于破羌将军辛武贤、强弩将军许延寿等人一再要求出击，汉宣帝也考虑到赵充国屯田地区过于分散，恐怕羌人奴隶主贵族会来袭扰，所以在批准屯田计划的同时，也命令辛武贤、许延寿以及赵卬从旁路出击。

在赵充国的精心经营下，屯田的成效很快显示出来。没有多久，这位老将军就不动一刀一枪，陆续收降了羌人贵族骑兵等五千多人。

第二年，也即神爵二年（公元前60年）五月，赵充国向汉宣帝奏告："羌兵反叛的原有五万人，现在散逃各处的不过四千人。羌人首领靡忘自己请求保证将这些残余人马肃清。臣奏请取消屯兵。"汉宣帝读了,立即准奏,命赵充国率屯田部队返回京城。

赵充国率军班师,凯旋京都。他的一位好朋友浩星赐(姓浩星,名赐)到城外迎接,见面祝捷道贺过后,问他:"老将军知道朝中大臣对于这次战争胜利的议论吗?"

赵充国正想听听,忙答:"我领兵在外,一无所闻,老朋友不妨如实相告。"

"好多人都说,多亏了破羌将军、强弩将军出击,斩首获胜,才平定了羌乱。"

"哦?"一个感叹词表达了这位老将军的惊讶。

"不过,凡有识之士,都知道是由于我军实行屯田,敌人陷入了困境,这才降服的。"

"哦!"还是这个感叹词,表达了他的同意。

"作为老朋友,想对你说句心里话,不知你愿听不愿听。"

"你说吧。"赵充国拈着白胡子,猜不透他要说点什么。

"老将军去见皇上,最好还是把这一战争的胜利,归功于破羌将军和强弩将军。"

"那样做有什么道理?"

"一则,可以避免居功自夸的嫌疑,说明老将军是谦谦君子;二则,既然那么多大臣都以为应当归功于破羌、强弩两位将军,你与其谔谔(争论的样子),不如诺诺(顺从的样子),人云亦云算了。"

"老朋友这话就讲得不对了!"赵充国大不以为然,"你这是替我个人打算吧!"

"正是为老将军着想。"

"嘻，你怎么不为国家多多着想呢！我年将八旬，爵已封侯，可不要你再来为我打算了。战争是国家大事，经验应当留给后代。我怎么可以为了个人避嫌，不把这次战争的利害得失一一向皇上讲明呢?!"

浩星赐听了这一席话，不觉面有愧色，但他还是说："那你可以这样：回朝之日先别说这件事，以后找个机会，再慢慢向皇上细谈好了。"

"唉，我已经风烛残年，哪天突然死去，还有谁能把这一切说清楚啊！"

赵充国见到汉宣帝，果然把平定羌人奴隶主贵族的战争情形和经验教训，全都作了如实报告。

为了国家的利益，坚持真理，不怕嫌疑，正是这位爱国老英雄的本色。

赵充国历经汉武帝、汉昭帝、汉宣帝数朝，战功卓著，计谋深远，后来活到了八十六岁。直至他去世前，朝廷每逢有关四邻各族的重大问题，或是军事上需要作出战略性决策，都要请他一起筹划参议。赵充国呢，也总是毫无保留地提出自己的意见。

甘露三年（公元前51年），汉宣帝因匈奴主单于到长安来朝见，追念起一大批为国家建立过不朽功业的人，就把其中功勋卓著的十一人的像，绘画在麒麟阁上。赵充国和苏武都在十一人中，赵充国的位次还排在丞相魏相和丙吉之前呢。

祖逖北伐

1. 闻鸡起舞

一千七百年前，在西晋的司州（今河南省洛阳市东北）刺史衙门的官署里，有两个志同道合、意气相投的青年：一个姓祖名逖，三十多岁年纪；另一个姓刘名名琨，比祖逖小五岁。他俩时常白天共读一卷诗书，夜晚合盖一床被子。往往在凌晨第一声雄鸡报晓时，祖逖就先醒来，用脚踢踢刘琨，说："这是催我们赶快起来的乐声！"刘琨则睁开惺忪睡眼，照例会意地笑笑，然后提着一口宝剑，和祖逖一同走到院子里，披着朦胧的晨光，舞起剑来。

祖逖与刘琨究竟是什么人？"闻鸡起舞"又为了什么？让我们听听他们一次促膝夜谈的片断吧。

那是西晋庆康元年（公元291年）一个秋夜，清冷的月光洒在庭院里，两人谈兴正浓，一时无所顾忌，说到了当时的皇帝晋惠帝。

祖逖指着皇宫那边，说："前几天，我听说他又闹了一个笑话。"

"你说的是那个白痴吧。"

"是啊。他平时大概听大臣们常说什么公事私事的。有一天跑到御花园里，听到一片蛤蟆叫声，竟自作聪明地问宫人：'这些小东西叫得那么起劲，是为公事呢，还是为私事？'"

"那宫人怎么回答？"

"宫人只好说:'在官地叫是为公,在私地叫是为私。'"

"我也听说一件事:有一次大臣向他报告,说某地老百姓因为没有饭吃,饿死了许多人。他愣了半晌,回答说:'那他们干吗不吃肉糜呢?'"

"眼下匈奴、鲜卑等势力,都想进犯中原,咱晋朝有这样一个白痴皇帝,只怕国家和百姓又要遭难了!"祖逖感慨无穷,望了望北方,忧心忡忡地说。

"唉,现在各地的藩王拥着重兵,独霸一方,弄不好天下大乱还由他们先起呢!"刘琨更担心的是晋朝统治集团内部发生的内讧。

祖逖点点头,仰望着碧空中一轮明月,握着刘琨的肘腕说:"假如四海鼎沸,豪杰并起,我与你应当致力于中原!"

祖逖与刘琨担心的是祖国的安危,百姓的命运。不久后发生的事实,竟被他俩不幸而言中:从元康二年(公元292年)开始,一连十六年,就是西晋皇族争夺政权的"八王之乱"期间,匈奴左贤王刘渊、巴氏李雄和羯族的石勒等人,先后称王称帝,攻掠中原,最后灭了西晋。

2. 争着先鞭

当匈奴贵族骑兵横冲直撞,烧杀抢掠的时候,西晋的官吏百姓纷纷逃向江南,躲避战乱。祖逖也带领着几百户乡亲,奔往淮河、泗水一带。

西晋王朝的腐败,他痛心;武将文官的无能,他感慨;匈奴骑兵的横行,他愤恨;汉族百姓的遭殃,他叹息。但是此时此地,这位年已半百的壮士,也只能将一片爱国热忱,倾注在

对父老乡亲的关怀上。

逃难途中，祖逖总是将马车让给年老体弱的乡亲乘坐，自己则跟着车子跑路。他带的粮食、衣服、药品，也毫无保留地拿出来与大家一起用。祖逖由于和乡亲们同甘共苦，患难相助，受到了人们由衷的敬重。

祖逖等人栉风沐雨，颠簸劳顿，跑到了京口（今江苏省镇江市）。难民们由于生活没有着落，有的只好去偷盗。祖逖常常规劝他们："现在敌人猖獗，正是有志之士报效国家的时候，咱们可要留此有用的身子，等待可用的时刻。"他们中有些人被官府抓去，祖逖总是尽力设法解救。有人责备说："你怎么去解救那样的人，难道不怕连累吗？"他回答："这些人都是因为饥寒难捱不得已才铤而走险的。我救的都是对国家有用的人才啊！"

当年两位闻鸡起舞的朋友，祖逖跑到了南方，刘琨又在哪儿呢？

刘琨原来在并州（今山西省太原市西南）当刺史。匈奴贵族骑兵进攻晋朝时，并州的官员纷纷南逃，老百姓更是人心惶惶。刘琨临危不惧，招募了一千多人，编成军队，抵抗匈奴贵族的骑兵，并且转战到了晋阳（今山西省太原市）。

晋阳不久前遭到过匈奴奴隶主贵族骑兵的蹂躏，十间房屋中有七八间给烧了，路上到处是死尸，偶尔碰到几个活人，也都瘦得皮包骨头。刘琨命令士兵掩埋了那些尸体，修复了焚毁的房屋，并把流亡的老百姓召回来垦荒种地。不到一年时间，晋阳重新出现了一片人欢马叫的景象。

匈奴奴隶主贵族骑兵眼看晋阳恢复了繁荣，又来进犯。刘琨紧紧守住城门，有时率领部下冲出城去同敌人厮杀一场。他还设法离间匈奴大贵族，使他们互相猜疑攻击。后来，竟然有一万多个匈奴人投降了刘琨。

有一次，匈奴大队骑兵包围晋阳，形势岌岌可危。刘琨一点也不惊慌，天黑以后，从容不迫地登上城楼，对着明月仰天长啸，声调异常悲壮。匈奴骑兵听了，都随着啸声喟然长叹。到了半夜，刘琨又吹起胡笳（一种匈奴人喜欢的乐器），呜呜之声传到数里以外。匈奴骑兵被勾起对故乡的怀念，纷纷流泪欷歔。东方微明的时候，刘琨再次大吹胡笳，匈奴骑兵再也无心围城，匆匆撤退走了。

可惜，刘琨虽然有志杀敌振兴晋朝，无奈兵力少力量弱难成大事。就在刘琨感到力不从心、恢复无望的时候，他得到了一个消息：当年与自己一同闻鸡起舞的好朋友祖逖，受到琅琊王司马睿的重用，封为豫州（今河南省东南和湖北省北部）刺史，准备挥师北伐。

刘琨兴奋地对人说："我枕戈待旦，誓志杀敌，常恐祖逖先我着鞭。现在看来，他已经走在我的前面了！"

3. 中流击楫

晋朝在北方的大势已去，只有驻守建业（公元313年改名为建康，即今江苏省南京市）的琅琊王司马睿，还保存着一支力量。

当时，从北方逃难到南方的官吏士族，大多贪图安逸，醉生梦死；有的虽然希望收复中原，却没有什么计策可献，也出不了什么力，只能发发议论，说说于事无补的空话，高喊几句

北伐中原的口号。

建业城北、长江岸边有一个地方叫新亭，风景不错。那些西晋旧臣和士族等人，时常到新亭聚会，饮酒消愁，抒发思乡的幽情，哀叹国事的艰难。每当说到痛心处，这些人甚至抱头哭泣。

琅玡王手下有一位名叫王导的大臣。一天，他也到新亭去，只见那些从北边逃来的士人，正在江边观赏山水。座中一位叹道："风景倒是与北边差不多，可惜眼前是长江，再也不看不到黄河了！"在场的人听了，全都相对流泪。王导愀然变色，说："大家应当同心协力，辅佐王室，收复中原，岂能灰心丧气，像亡国奴那样只管哭泣！"

当时，王导还算是一位爱国有为的大臣，在困难的时候设法鼓起同僚的勇气。但是，要率领一支军队北伐中原，恢复河山，他就显得无能为力了。真正为恢复大业努力奋斗的，是从北方逃难到江东的军民百姓，祖逖就是他们当中杰出的代表。

祖逖到京口后，亲人既没有离散，过日子又有官俸，生活应当说是过得去了。但是他不能忘怀中原父老正处在水深火热之中，难以忍受北方的土地任凭匈奴贵族骑兵横行。他两次上书给琅玡王司马睿，请求北伐，都没有得到回音，于是亲自跑到建业，向司马睿当面陈言："现在中原的老百姓遭受敌人的残酷迫害，人人有奋击之志。大王应当发兵北伐，将我同胞从敌人铁蹄之下解救出来！"

可是，司马睿盼望的只是当一个偏安江南的小皇帝，根本不想收复失地，恢复中原。他听了祖逖的请求，低着头，什么话也不回答。

祖逖进一步慷慨请命："大王如果能下令出兵，微臣愿意打先锋！"

司马睿稍稍抬了抬头，细声细气地说："晋朝在北方的军队不算少吧，可是都被人家打败了，如今江南又有多大力量，可以去收复中原呢？"

"光依靠大王发兵，兵马自然是不够的。但是只要大王公开发出北伐的号召，天下豪杰一定会群起响应，各方人士也将发奋努力。这样，中原必可收复，国耻可必洗雪！"

司马睿听到这里，眼珠儿一转，思忖着：是啊，我干吗不答应他呢？公开发出北伐的号召，既有利于争取人心，又能够得到志在恢复的美名。反正，仗又用不着我去打，苦战的是祖逖，蹈险的也是祖逖。打胜了算他的能耐，我的造化；打败了是他自讨苦吃，与我也毫不相干……想到这里，他挺了挺腰杆，对祖逖说："好吧，你既然有这么大的雄心，我就封你为奋威将军、豫州刺史，再给你一千人的口粮和三千匹布。你自己去想办法干一番事业吧！"

司马睿这一算计，充分暴露了他根本就不想北伐的心思：他叫祖逖做奋威将军，可又不给这个将军一兵一卒；当豫州刺史，可豫州还被匈奴兵占领着，这个刺史连一寸土地一个老百姓都没有。江南一向粮食丰足，他仅仅给祖逖一千人的口粮；建业官仓里有布二十万匹，绢好几万匹，他只肯拿出三千匹布来！

祖逖一片热心凉了大半截儿，忍不住问道："大王还准备拨多少军队给臣统带？"

"没有，"司马睿厚着脸皮回答，"要军队你自己招募去。

给你粮食布匹，就是供你给招募来的士兵吃和穿的。"

"那么，大王至少要调拨给我足够的兵器铠甲吧！"

"也没有。兵器你自己去打造，铠甲你自己去缝制。"

祖逖痛心极了。他返回京口，把自己家族和朋友组织起来，一共有几百名壮士，于建兴元年（公元三一三年）秋，坐船渡江北上。

大江东去，白浪滚滚。船到江心处，祖逖回头远望江南，雄踞在岸边的是地势险要的北固山，江中金山、焦山两岛东西相对（金山岛后来与江岸相连）；再望望江北，原野茫茫，村落依稀。他想到多年来杀敌报国的壮志将要实现，不由得心潮澎湃，热血沸腾，猛地站起，用手中的船楫敲击着船舷，激昂地对天发誓说："我祖逖这回要是不能收复中原，就像这大江之水一样，有去无回！"

祖逖中流击楫，对天发誓，辞色壮烈。将士们大受感动，纷纷响应，同仇敌忾。杀敌的誓言震荡在大江的上空，萦绕在人们的心间。

4. 艰苦转战

祖逖渡江后，在淮阴安营扎寨，一面招兵买马，一面打造兵器。不久，他聚集起两千人马，开始向北推进。

当时，黄河两岸有不少汉族豪户地主，构筑坞堡，据地自守，还常常互相争斗火并。祖逖耐心地劝导他们共同对付敌人，说服他们停止内争。不少坞堡主明白了祸福利害，很快握手言和，并表示愿意接受祖逖的领导。

对于那些死心塌地投靠匈奴和羯族统治者的坞堡主，祖逖坚决打击，并且把他们的土地财产都分给老百姓。北方人民无不感激，对祖逖的支持也更加不遗余力。

匈奴大将石勒眼看祖逖的队伍越来越壮大，就派遣部下勇将桃豹进兵蓬陂（今河南省开封市西北），对抗晋朝的北伐军。

在当时，蓬陂是个不小的城市。祖逖部下将士驻守着城东和城北，以东边的土台为大本营；桃豹那支兵马，则占据着城西和城南，以西边的土台为大本营。双方旗鼓相当，势均力敌，各自把住营垒，不肯轻易出击。两支军队就这么对峙了四十天，谁也吃不掉对方。

日子一长，两方面的军粮都发生了困难。祖逖明白，这个时候，谁有粮食，谁就能安定军心，鼓舞士气，并且威慑对方，克敌制胜。于是他想了一个计策：命令一千多名士兵，把装满泥土的布袋，背的背，驮的驮，扛的扛，挑的挑，源源不断地运往东台，好像是打算把粮食集中在东台上，作长期坚守的打算。

晋军士兵把大袋大袋的粮食运往东台，那边桃豹和他部下的士兵，瞧着这热火朝天的场面，又是眼红，又是心慌。桃豹猜不透，晋军运的到底是不是粮食，会不会故意用计？他忽然瞅见几个晋兵大概是扛包扛累了，在大路边上歇脚，于是亲自带着一队人，饿虎扑羊般冲将过去。那几个晋兵正在擦汗喘气，见势不妙，撒腿就跑，把口袋全丢下不管了。桃豹也不追赶，命令士兵们快把口袋扛上，带回营去。

口袋还没有扛到西台，桃豹就急不可待地叫士兵放下，亲手解开扎住口袋的绳子看看——嗬，里面全是上好的大米！再打开其余几袋，也都一样。

那些匈奴族、羯族的士兵，马上把消息传了开来。桃豹本人，也感到惊慌失措：晋军粮食丰足，定能持久，而自己这边都快断粮了。他怕军心动摇，不战自溃，赶忙再一次派人向石勒送信告急，要求迅速运粮接济。

晋军一千多名士兵运往东台的，不是泥土吗，怎么一到桃豹的手里，就变成大米了呢？原来，祖逖料定桃豹会生疑心，故意拿几个口袋装上真正的粮食，让桃豹抢去。这一条计策果然达到了目的，形势一下子变成对桃豹非常不利。

祖逖的计谋并没有到此为止。他断定桃豹准会向石勒求救，索讨军粮，石勒也当然会把粮食送来，于是在通往蓬陂必经之路的汴水岸边，重兵设下了埋伏。

没有几天，石勒当真派出一员将领，带着一千多头驴子，驮运着粮食，送往蓬陂接济桃豹。祖逖设下的伏兵瞅得分明，躲着不动，等驴子全渡过了汴水，一家伙猛冲上去，打跑了押送的敌人，把那些驴子赶往蓬陂的晋军营内。

晋军粮食丰足，这下已经成了事实。桃豹和他的部下更加慌张，只得连夜弃城逃跑。

祖逖乘着将士们斗志昂扬，率军北进，收复了好几座城市。石勒又派出一支由一万精锐骑兵组成的部队，企图消灭晋军，结果也被祖逖打败了。没有多久，黄河以南的土地，全都已归属晋军所有。

5. 壮志未酬

祖逖收复了黄河以南的中原土地，努力劝导百姓种田养蚕，并且带领部下帮助他们耕作。渐渐地，祖逖所管辖地区的军民都能做到衣食不愁。

祖逖自己，生活十分俭朴，一点儿私产也不蓄，连烧火的柴禾，都是自己带着子弟们上山砍来的。逢年过节，他又常把一些孤寡老人请来，共享酒食。中原地区的老百姓饱经战乱的痛苦，深深感激祖将军使他们免除异族统治者的压迫，过上了安居乐业的生活。在一次酒宴上，一位老人涕泪纵横地说："我们都已经年老，还能遇上将军这样的好人，就是死去也瞑目了！"

这句话引起了在座所有人的共鸣。那位老人当众吟了一首诗，大家也都跟着高唱。

祖逖在北方名声大振。他收复了黄河以南的土地后，接着便计划渡河北进，准备进一步扩大战果。但是就在这时，他得到一个消息：东晋政府将派一名都督来统管北方州军事。

原来，自从祖逖中流击楫、渡江北伐后，晋朝的形势发生了不小的变化。建兴四年（公元 316 年），匈奴前赵的军队进攻长安，西晋灭亡。第二年，琅玡王司马睿在王导等人的拥戴下，建立了东晋政权，为晋元帝。晋元帝嫉妒祖逖在北方取得的伟大胜利，恐怕他势力强大了不易驾驭，就派自己的亲信去北方节制祖逖。

祖逖为国家艰苦转战，想不到落得朝廷如此对待，怏怏不乐。不久，他听说东晋朝廷内部不和，有些大臣各树势力，心情更加忧郁，终于一病不起。

病中的祖逖，念念不忘的是国家大事和进取宏愿。他担心黄河两岸没有坚固的营垒，容易被石勒攻破，就勉力支撑着病体，派部下到那些地方构筑营垒。可惜这些防御设施还没有完工，这位爱国者便怀着未酬的壮志，于大兴四年（公元321年）九月，愤然去世了。

中原的百姓听说祖逖逝世的消息，就像丧了父母亲一样悲痛万分。谯（今安徽亳县）、梁（汉中地区）的人民，还建立了祖逖的祠堂，以纪念这位在国家危难时刻慷慨请命、孤军北伐的爱国英雄。

李靖定边

1. 突厥南犯

隋末唐初，中国北部游牧民族匈奴的别支突厥，趁着中原混乱，渐渐扩张势力。东突厥的统治者颉利可汗，经常派遣骑兵骚扰唐朝的北方边郡，大肆劫掠汉族和其他少数民族百姓，成为唐朝北面最大的威胁。

唐高祖武德五年（公元622年），颉利可汗亲自率领骑兵十五万，攻入雁门关（今山西省雁门关西雁门山上），掳去唐朝百姓五千余人，牲畜财产不计其数。第二年，颉利可汗与他的侄儿突利可汗，又领兵进攻原州（今甘肃省固原县），然后锋芒所指，直逼幽州（今北京市）。

唐朝一些大臣，都担心突厥贵族骑兵长驱直入。有个胆小鬼甚至向唐高祖李渊进言，说突厥的可汗贵族都是因为眼红唐朝京都长安的繁华富裕，所以一再兴兵来犯，只有迁都才能暂避其锋芒。唐高祖正愁没办法对付突厥骑兵，居然打算放一把火烧掉长安，把国都迁到南面去。这种消极逃避的办法自然是错误而且可笑的。幸亏李渊的儿子秦王李世民竭力劝阻，并且自告奋勇领兵拒敌，长安才没有给烧掉。刚好那些日子天下大雨，突厥骑兵弓箭潮湿，不好使用。李世民亲率大军冒雨急进，与此同时又分化离间了颉利与突利的关系。颉利眼看形势对自己不利，这才带着突厥骑兵退去。

颉利虽然退兵，但是并没有死心，武德八年（公元625

年），又一次率领骑兵十余万南侵。突厥军兵强马壮，唐军连连败北。右卫大将军张瑾与颉利交锋，结果竟全军覆没，单人匹马落荒而逃，奔往潞州（今山西省长治市），遇到安州大都督李靖，才喘了一口气。

李靖是唐初名将，曾经率领唐军南征北战，平定割据势力，立下了赫赫战功。有一次，唐高祖称赞他说："李靖这样的将才，就是汉代的卫青、霍去病，也未必比得上他啊！"

正因为李渊、李世民非常了解这位将才，所以，当颉利大举进犯时，就特地调他到潞州防守。李靖果然没有辜负朝廷的期望，十分沉着镇静地迎战敌兵。结果，各路唐军大多吃了败仗，只有李靖率领的军队完整无损，还杀死、俘虏了不少敌人。

第二年四月，颉利再次进犯唐朝边境，李靖率军迎击。双方在碳石（今河南省三门峡市东南）鏖战，从清晨一直打到傍晚，唐军这时奇兵突出，从两翼杀来，终于将突厥兵打败。从那时以后，颉利听到李靖的名字，就有点紧张。

这年夏秋，李世民即皇位，为唐太宗，改年号为贞观。谁知这个新皇帝坐上龙椅还不到二十天，颉利、突利两个可汗就率领号称有一百万的大队骑兵，逼近至京都长安城外的渭水便桥，闹了个兵临城下的局面。

但是，唐太宗毫不惧怯，毅然扣留了进城窥探虚实的突厥使者，然后亲自率领六名大臣到渭水边上，指责颉利不该兴兵来犯。颉利原来是想趁唐朝新皇帝刚上台局势难免混乱，企图进兵得利的，见唐太宗镇定自若，估计长安城中已经有了准备，也就撤兵回去了。

唐太宗把突厥贵族一再进犯、北方边郡不得安宁，看作国家的耻辱，唐朝的祸患。他决心从根本上打垮突厥，解除唐朝北方的威胁。因此，颉利可汗退兵才半个多月，这位中国历史上颇有雄才大略的皇帝，就把数百名禁军将士轮流召进宫中，并对他们说："突厥一再扰掠我朝边境。我怕就怕大家安逸忘战，敌人来了束手无策。现在我不是召你们来修花园、盖宫殿，而是教你们射箭练武。平日无事，我是你们的老师；突厥进犯，我是你们的将帅。大家练好了本领，老百姓就可以得到安宁了！"

说完，唐太宗亲自教将士们盘马弯弓，发箭射靶。射技高、中靶多的当场赏赐，对将官也用同样方法加以考核。

有人觉得这种做法太危险，劝阻说："依照法律，把兵器带到皇帝住的地方，是要处以绞刑的。如今陛下让士兵在殿前练习射箭，又亲自对他们指点，万一有人毛手毛脚，甚至趁机行刺，发生了意外，那不是太不幸了吗？"

唐太宗教禁军将士练习射箭的目的，不仅仅是要他们练好武艺，更希望提高全国军队的战斗力，以便调兵遣将出塞攻战。他谢绝说："一个好皇帝应该把四海看作一家。我对普通老百姓尚且推心置腹，为什么平白无故地猜疑自己身边的将士呢！"

这话传到将士们耳中，都很感动，更加奋发练武。没有几年，唐太宗和他手下的李靖等著名将领，就训练出了一支支英勇善战的精锐部队来。

2. 率军北伐

从贞观元年到贞观三年（公元 627—629 年），突厥统治者内部矛盾加深。唐太宗看清了突厥内部的分裂形势和唐军将士的练兵成效，于贞观三年十一月，任命李靖为定襄道行军大总管，统一指挥六路唐军，计十余万兵马，进击突厥颉利可汗。

这是唐朝军队第一次大规模向北出征。李靖接受任命后，感到异常兴奋，但是又有点担心。

兴奋是不必说的，为什么又担心呢？因为他指挥的各路兵马的行军总管，都是赫赫有名的战将。如李勣（本姓徐，名世勣，字懋功），是瓦岗军大将出身，唐太宗称赞他："我用李勣守边疆，比筑长城防御突厥还强！"另两位是柴绍、李道宗，也都是皇族中能征惯战的人物。还有一位薛万彻，以勇武著称，后来唐太宗评论将领们的长短，说李勣、李道宗作战，不能大胜也不会大败，而薛万彻与敌军交锋，非大胜即大败，可见他如何敢于拼杀……李靖自己是一路行军总管，同时又要指挥这些才能杰出、本事了得的战将，当然不是一件容易的事情。

为了振奋首次北征的唐军士气，也为了给其余五路将士作出表率，李靖不顾天寒地冻，亲自带领三千精骑，孤军深入突厥腹地，抵达定襄（今内蒙古和林格尔东北）城南的恶阳岭。

当天夜里，风雪交加，他乘着敌军不备，率领这三千将士顶风冒雪出战，一举袭破了定襄。

颉利可汗听说定襄已被攻破，而率军前来袭击的唐将又是李靖，不禁大惊失色。

一名突厥贵族说:"据报李靖部下只有三千人马,大王不必忧虑!"

颉利大摇其头:"唐军如果不是倾国而来,李靖他哪里敢孤军深入这么远!即使李靖本人只率三千人马,后面也一定还跟有无数精兵……"

连堂堂可汗都这样惊怕唐军、畏惧李靖,他手下的将校士卒就更加惶恐不安了。一时,突厥兵成了惊弓之鸟,一些部落纷纷移驻于沙丘的通道口,随时准备逃跑。颉利眼看军心动摇,只得带着部下人马,撤向定襄北面的白道。不料他走出不多远,就遭遇到李勣那一路军队。双方一场大战,突厥骑兵溃败,退向阴山(今内蒙古中部)。李靖乘着胜利,随即与李勣会合,挥师追击。颉利带着残兵败将,好容易窜逃到阴山北面的铁山。

唐军出击突厥旗开得胜,李靖为保家卫国立下了又一战功。唐太宗进封他为代国公,并称赞地说:"汉代李陵带五千步兵深入匈奴腹地,虽然杀伤许多敌军,最终仍然不免投降。李靖以三千轻骑直捣突厥王庭(相当于京都皇宫),克复定襄,威震敌国,真是古往今来从没有过的啊!"

3. 追俘颉利

颉利可汗被李靖打得大败,仓皇逃到铁山后,部下还有数万兵马。为了保存实力,以后卷土重来,他使了一条缓兵计,派遣使者向唐太宗乞求投降。

唐太宗自从李靖、李勣打了大胜仗后,认为突厥已经没有多大力量,颉利既然愿意投降,自然正中下怀。他于是派遣鸿

鸿胪卿（负责祭祀礼仪的官）唐俭等为使者，赴铁山抚慰颉利，接洽投降，并写了一道诏书，把这件事告诉李靖。

李靖接到诏书，立即敏锐地察觉到，颉利投降这件事不可轻信。他一边派军士去请李勣来，一边就对副将张公瑾说："突厥在铁山的兵马还有好几万，流散在草原沙漠的数量还更多，颉利怎么可能轻易投降呢？"

张公瑾想了想，回答："眼下天寒地冻，牧草枯萎，颉利一时难以支持，加上我军与李勣将军两路将士已经迫近铁山，他投降也许是真的。"

"天寒草枯，我军逼近，这些确是事实。但是，颉利凶险奸诈，反复无常，不到山穷水尽而主动乞求投降，恐怕不可相信。依我看，他是在行缓兵之计，企图保存实力，一到天气转暖，草青马肥，必将逃窜漠北。到那时我军再要征讨，就道远阻险，追赶不及了！"

"唔？这我倒没想到过。"

"再说，一旦突厥逃到漠北，与那里的部落合兵，唐朝的北边天下，还有安宁的日子吗？"

"照你说怎么办呢？"

"将在外，君命有所不受。不管皇上诏书怎么说，我亲率一万轻骑，迅速进军突击，一战破敌，生擒颉利！"

张公瑾佩服李靖的分析，也同意他的判断，但是仍然有点犹豫，沉吟说："可是，鸿胪卿唐俭早已出发，这会儿差不多已经到了颉利那儿——"

"那更好啊！颉利见大唐天子允许他投降，还派使者前来抚慰，一定自以为得计，不再警戒防备。我军出其不意，攻其不备，必能将颉利一举擒获！"

"但那唐俭的性命——"

张公瑾话还没有讲完，忽听得帐外有人应声："李公要生擒颉利，张将军却在担心远在京都的唐俭的性命，这不是风马牛不相及吗？"

说这话的原来是李勣。他跨入帐中，行了军礼，问究竟是怎么回事。

李靖把唐太宗的诏书递给李勣。李勣一看，就明白了一切，立即果断地说："颉利虽然败北，兵马还有许多，乞求投降只是为了喘息。一旦牧草长出，他必然率军北奔，到那时我军就对他没有办法了！"

李靖朝张公瑾笑了笑，又问李勣："你看应当如何？"

李勣毫不犹疑地回答："发一万轻骑兵，只带二十天干粮，突袭铁山，生擒颉利！"

"这真是英雄所见略同啊！"张公瑾大笑了一阵，但随即又把刚才担心的问题提了出来，"可是，颉利得知我军进袭，恐怕会将唐俭杀了的。"

"唐俭机智善辩，必有脱身之计，不至于丧生。"李勣颇有把握地说。

"即使唐俭丧生，也是以身殉职，为国捐躯。只要我军能够生擒颉利，平定突厥，牺牲一个唐俭，又何足惜！"李靖更是果决。

机不可失，时不再来。张公瑾想想，的确只有如此，也就表示同意。

追击大计既然已经决定，当天夜里，李靖、李勣即一先一

后各亲率一万余名轻骑兵，向阴山、铁山进发。

唐军渐渐逼近阴山，一路上遇到颉利派出的侦察兵，统统捉住。反过来命令他们作为向导带路。唐军赶到阴山时，已经后半夜了。李靖发现一千多座突厥骑兵营帐，立刻指挥将士们冲锋。突厥骑兵在睡梦中惊醒，大多成了俘虏。但战斗中也有少数人乘着黑夜往北逃窜，一直奔到铁山，向颉利报告了消息。

次日早晨，浓雾弥漫。颉利正在帐中设宴，款待前天刚刚到达的唐朝使者唐俭。他听那些从阴山逃回的骑兵报告，说李靖袭击阴山，不禁大吃一惊，忙问唐俭："大唐天子既然允许俺归附，怎么又派李靖率军来袭？"

唐俭闻讯，起先也一怔，但是他转而一想，李靖处事有决断，用兵如神，一定是为了从根本上解除突厥边患，所以不顾皇帝诏书，率军前来袭击……他眉头一皱，计上心来，对颉利说："可汗不必惊慌。我从京都直接来此地，没有到李总管军中照会。想来李总管还不知道可汗请求归附和我朝天子已经答应的事，这才有兵袭阴山的误会。"

颉利平时听到李靖的名字，就有点胆战心惊；如今李靖亲率唐军攻破了阴山的营垒，必将追击到铁山，心中哪能不慌乱？他赶紧问："哪，哪怎么办呢？"

"好办得很。只要我迎上前去，向李总管说明情况，李总管一定不敢违抗天子诏命，必然立即勒马回师！"

颉利正在恐慌无计的当儿，一时哪里想得到许多，催促唐俭快去。唐俭临出帐门，还特意关照说："我快去快回，这桌酒席可别撤了，我回头还要与可汗拼上一醉呢！"

"哈哈哈，大夫放心，俺就是先吃三十大碗，也不会输给你的！"

"好，好，那就请可汗先饮着，等你把这一坛酒吃完，我就回转来啦！"

唐俭说着，迈出了帐门。乘着弥天大雾，他悄悄地把出使的随从人员召集到一起，跨上马背，一溜烟朝东南跑了。

这时，李靖率领着唐军轻骑，已经迫近铁山。他见雾浓天昏，不宜贸然急进，就派部下虎将苏定方，率领二百精骑为前锋，乘雾先行。

苏定方从十五岁时就开始跟随他父亲从军打仗，二十多年来身经百战，骁勇无比。他命令那二百骑兵在后面鱼贯而行，自己则一马当先破雾挺进。

这支前锋部队一直逼近至离颉利中军大帐只有几里路程了，恰逢大雾渐渐散去，雾过天晴，突厥营帐赫然就在眼前。

苏定方回头一瞧，李靖的大队人马正紧紧跟在自己这二百骑兵的后面，也快到了。他兴奋得大喊一声，把缰绳一提，抡起手中的大刀，呼啸着冲入了敌营。

颉利正在帐中饮酒，等候唐俭回来拼醉，听报唐军已经杀进营来，吓得魂飞魄散。他奔出帐门一看，啊呀，漫山遍野都是唐军，为首一员唐将，正挥舞着大刀朝自己冲来呢！

"快，快跑！"颉利一边朝自己的老婆、儿子大叫，一边爬上马背，狠狠抽上一鞭，往北逃去。

李靖率领着将士们，冲进敌营，如入无人之境，斩杀突厥兵一万余人，还抓了许多俘虏。

颉利带着一万余名残兵败将，企图窜往漠北。但这时李勣

那支部队也已经赶到，正好堵住了他的去路。好几名突厥首领带着部下投降了李勣。颉利只得和几名亲信将领，逃往西北的他的母舅苏尼矢处。

李靖大获全胜，可就是不见颉利踪影。突厥俘虏告诉他说，颉利逃跑时乘坐的是一匹千里马，这会八成儿是投奔苏尼矢去了。李靖立即向李道宗下达追捕的命令，同时派人向苏尼矢传告唐军全胜、突厥大败的情形，要苏尼矢归降。苏尼矢得知大势已去，果然恐惧，把颉利绑住，送到唐营，自己和部下人马，也都投降了唐军。

由于李靖等唐军将士的努力，唐朝对东突厥统治者的战争取得了彻底的胜利。唐太宗没有杀一个俘虏，就是对颉利，也只数说了一顿他的罪行，然后留住在长安。而且，他在北方设立了几个都督府，封突厥首领做都督，统领原有的部众；还有将近一万名突厥人，则迁居到长安。这些措施加强了突厥同汉族的联系，大大提高了唐朝的威望。许多兄弟少数民族部落，都将唐太宗尊为"天可汗"，即所有民族部落的最高领袖。这一称号而且延续下去，唐太宗以后的唐朝皇帝，也都被尊作为"天可汗"，以此表示各民族部落都统一归臣属服从于唐朝中央政权。

李靖凯旋京都。唐太宗非常兴奋，说："你为国家又立了一大功劳！"

4. 西击吐谷浑

东突厥平定后，李靖又为治理国家做了许多事。贞观八年（公元634年）秋冬，他因为腿足疾病，不能胜任公务，就向唐太宗请求辞去官职。

唐太宗接到李靖的上书，十分感动，对左右大臣说："自古以来得到大富大贵的人固然不少，可是能知足而止的又有几人？他们不管自己是智是愚，也不管自己是健是衰，即使什么本事也没有，甚至已经患了重病，也要勉强赖在职位上不肯离去。李靖能识大体，顾国家，实在可敬可嘉！我不但应当成全他克己奉公的志向，而且要将他树立为一代楷模！"

于是，唐太宗下了一道诏书，称赞李靖的这一举动，并且表示，假如李靖病有好转，请他每隔两三天到相府参议参议公事。

不料，李靖获准辞职养病刚刚半个月，唐太宗就得到了吐谷浑统治者又进犯西部边境的急报。

吐谷浑是鲜卑族慕容部落的一支，居住在今青海地区，是对唐朝西部边境造成威胁的一个强大势力。贞观八年，吐谷浑统治者慕容好允可汗发兵进犯，唐太宗命左骁卫大将军段志宏为西海道行军总管，率军进击吐谷浑。段志宏打败了吐谷浑军队，即班师东撤。可是，吐谷浑军马上又回身追来，扰得唐朝西部边郡百姓不得安宁。

唐太宗接到西部边境守将急报的第三天，即下诏大举征讨吐谷浑。但是，对于出征军的统帅究竟任命哪个大将，一时上却很费踌躇。他想来想去，由于这时李勣领兵驻防北方，担当征西军统帅最合适的人选只有李靖，因而感叹地对左右大臣说："要是由李靖来任统帅，该有多好！"

但是李靖当年已经六十四岁，腿足还确实有病，而且他请求辞职休养，刚刚获得批准。唐太宗怎么也不忍心派这位年高

有病的老臣去经受行军风霜之苦，冒历作战伤亡之险。

正在家里养病的李靖，听说吐谷浑兴兵犯边，唐太宗发军选帅却又一时无人，再也按捺不住，马上乘坐便轿到相府，要宰相房玄龄替他去向皇帝请命，说："我年纪虽老，还可以为国家效一次劳，出征吐谷浑就让我率军前往吧！"

房玄龄望着这位一心眷念着国家利益的老臣良将，感动得几乎掉下泪来。他立刻向唐太宗作了奏告。

唐太宗好不高兴，召见李靖，慰问了他身体状况等。在李靖的坚决请求下，唐太宗当即任命他为西海道行军大总管，统率五路兵马，出征吐谷浑。大军临出发时，唐太宗考虑到李靖患足疾不便行走，特地送了一根灵寿杖给他，并祝贺他早日奏凯班师。

贞观九年（公635元年）春，李靖部署各路兵马，到达前线。伏允可汗得知消息，急忙率兵后撤。唐军奋勇追击，将吐谷浑兵杀得大败。伏允可汗吃了大亏，自己估量抵敌不住李靖，就用了一条坚壁清野的计策，一边放火焚烧草原，一边逃向沙漠而去。

李靖率军追到伏俟城（在青海湖西）。只见火光遍野，浓烟蔽日，便勒住马头，将各路行军总管召集到一起，共同商讨对策。

瞧着前面渐渐给烧成光秃秃的原野，将领们大多主张退兵，因为战马没有青草，很难追到敌兵；即使追上了，马瘦人乏，也不容易取胜。但是兵部尚书兼一路行军总管的侯君集却表示异议，向李靖说："去年段志宏出击吐谷浑，就是因为打了胜仗没有狠追穷寇，结果刚一回军，吐谷浑兵就跟着来了。

如今伏允兵败远走，我军不费多大气力就能将其消灭。这么好的机会不利用，以后一定会懊悔的！"

另一路行军主管李大亮却不同意，说："战马没有草食，远追不免疲乏。我军反正已经打了胜仗，不如暂且退兵。"

李靖想了想，伏允放火烧草，是惧怕唐军追击，越是这样，就越有追击的必要；战马缺少青草固然困难，但唐军出敌不意进攻，胜利的把握也就很大。再说，段志宏的教训确实值得借鉴，打仗不能以把敌人打跑为目的。何况自己年高体弱，以后还能有几次征战杀敌、为国立功的机会呢……他想到这里，果断地下达了追击的命令，并且将部队分成南北两路：侯君集等率军走南道，自己和李大亮等率军走北道，同时并进，合击伏允。

北道唐军在李靖的亲自指挥下，一路行军，一路侦察寻找吐谷浑骑兵踪迹，不仅获得了三战三捷的战果，而且夺到许多粮草牲畜，保障了唐军的给养。将士们越过积石山（在今青海省境内），一直追击到赤水（今青海省兴海县境），遇到伏允手下权臣天柱王的精锐骑兵，在那里据险固守。李靖帐下薛万均、薛万彻兄弟是两员虎将，大吼一声冲入敌阵。不多时，两人身上都已受伤，两匹战马也先后跌倒。他们徒步奋战，又砍杀敌人多名。李靖派遣将领入阵助战，终于把吐谷浑军杀得落花流水，天柱王只身伏鞍逃跑。

与此同时，南道唐军由侯君集等率领，深入无人之境二千余里，人饮冰，马吃雪，于五月间追上伏允，大破敌军。伏允只带着数千人马，仓皇西逃。

李靖得知伏允行踪，率领北道唐军继续追击。沙漠中没有

水，将士们口渴，就用锥子在马身上扎一下，吮食马血。唐军追近伏允营帐时，刚刚天黑，李靖立即下令，要大家乘敌不备，向前奋勇冲杀。

伏允怎么也想不到唐军会这么穷追穷杀，慌忙丢下妻妾，由亲信部下簇拥着逃命。他奔回本国，不久就被部下杀死。同时，那个顽固不化与唐朝为敌的天柱王，也给伏允的儿子慕容顺斩首。慕容顺了解吐谷浑民心不愿背唐，就向唐朝表示愿意归附。唐太宗于是封他为西平郡王，依旧统领吐谷浑部落。

对于为国征战立下大功的李靖，唐太宗虽然给予丰厚的赏赐，并封他为卫国公，总觉得还不足以表彰他对国家所做出的贡献。贞观十四年（公元640年），李靖妻病故，按例要建造坟墓陵园。唐太宗想起当年霍去病因抗击匈奴为国立功，汉武帝将他的坟墓筑成祁连山形状，于是特地下诏，将李靖寿穴建筑成突厥境内铁山、吐谷浑境内积石山的形状，以昭示李靖定边的丰功伟绩。

贞观二十三年（公元649年），李靖病重，唐太宗自己也生着病，仍然支撑着去看望这位爱国老英雄。在李靖病榻前，他流着泪说："你是我生平故人，对国家有大功劳；今天看你病成这个样子，我真替你担忧啊！"

当年五月，李靖去世，与他的妻子合葬在一起。仅仅过了六天，唐太宗也病故了。

张巡守城抗叛

1. 募兵讨叛

张睢阳名张巡，唐开元，进士出身，河南南阳人，为人有胆略，重气节，平时只要听说谁有急难，总是尽一切努力慷慨相助。他当过清河县令，颇有政绩，三年任期满后，回京都长安听调。有人劝他带上礼物，去拜谒那会儿权势正炙手可热的宰相杨国忠，好求得高升重用。可是张巡愤然回答："这人是国家的祸根，别说带上礼物去拜谒，我连见都不愿见他！"就因为张巡不肯趋炎附势，结果官没有升到，只是换了个地方，调任为真源县令。

他赴真源上任时，故意不穿官服，不带差役，而是微服私行，察访民间有什么疾苦。他听到真源的老百姓都流传着一句话，叫做"南金口，官府手"，问他们是什么意思。大家告诉他：本县有个名叫华南金的豪强地主，以前在朝中做过大官，后来告老回乡，倚仗权势欺压百姓，为非作歹。老百姓稍有反抗，他只要动动口，官府就奉命下手，或抓或关或杀。张巡虽是个小小县令，却敢于碰硬，上任后第一件事就是处死华南金，由此打击了豪强的气焰，大快了全县的人心。

安史之乱初起时，张巡就打定主意，要为国家平叛讨贼出自己一份力。为此，张巡特地去见顶头上司谯郡太守杨万石，劝他赶快加固城墙，修筑工事，招募士兵，征集粮草，作好抵抗安禄山叛军的准备。可是，杨万石以为，安禄山的来势这么凶猛，唐朝的天下看样子难保。所以，他不仅公然投降了安禄山，甚至还命令张巡西行，与他一起去迎接此时兵逼江淮的叛军进占谯郡。

张巡眼看杨万石投靠叛贼铁了心，于是不同他多说，奔回真源，招募了一千多名士兵，举起了征讨叛贼的义旗。他自料凭这么一点兵马是抵挡不住叛军也守卫不住真源的，只有联络邻近州县的正义之师，才能挫灭叛军气焰，进而保住江淮。他想，从真源往西不远，有个雍丘（今河南省杞县），雍丘县令令狐潮与自己是老相识，而且两人常以忠义互勉，就率领队伍西进，去同令狐潮会合。

他们走不多远，遇上了另一支义军，为首的是邻县一个县尉贾贲。贾贲也是招募了兵马打算抵抗叛军的。于是，张巡、贾贲两股人马合做一队，一起往雍丘而去。

到了雍丘城前，张巡发觉城墙上情况异常：竟有一百多个汉子被绳索五花大绑着，其中有军士也有老百姓；站在他们后面的就是县令令狐潮，正在对十来个手执钢刀的亲信士兵吩咐些什么。他以为这些人准是企图向叛军投降，令狐潮才把他们抓起来处死的，不由得暗暗叫好，便催马上前，招呼令狐潮答话。

令狐潮确实准备将这些人斩首示众，看见城下张巡喊话，而且带着队伍，猜不透来意，就留下三五个亲信看守住那一百多人，自己披甲提刀，出城试探张巡。

两人走近了，在马上作了个揖。令狐潮首先开口，说了一通识时务者为俊杰之类的意思，然后恬不知耻地告诉张巡，自己决定杀了那一百多个反对的人，就去投降安禄山，要张巡也同他走一条路。

张巡原以为令狐潮与自己志同道合，万万想不到从他的口中会说出劝诱投降敌人、一起反叛唐朝的话语。他怒火涌上心头，二话不说，挺枪就刺向令狐潮。令狐潮这下自然明白了张巡的态度，也舞刀迎战。两人斗了十来个回合。令狐潮心虚力怯，拨转马头，朝雍丘城内奔去。不料他还没有跑近吊桥，城门突然轰地一声闭上了！

"瞎了眼的，没有看见是老爷我回来了吗?"令狐潮大怒，骂道，"快开门！"

可是也怪，他这么叫骂一阵，不但城门没开，连吊桥也拽了上去；城上一员黑脸膛壮士还厉声朝他喝道："叛贼令狐潮休想进城！"

"你们竟敢反叛不成?"令狐潮气急败坏，大叫大嚷。

"反叛的正是你！我们可不愿去投降叛军！"城上一片喊声，有的还拉开了弓往下射箭。

这是怎么回事呢? 原来给令狐潮绑在城上准备斩首示众的一百多人，都是誓死反对投降的爱国军民。其中有个黑脸膛的壮士雷万春，趁令狐潮与张巡在城下交战，猛力挣断了捆绑他的麻绳，奋勇夺刀，杀死了看守他们的令狐潮的亲信士兵。然后又将其余人身上的绳索割断。雍丘军民大都不肯投降安禄山，有雷万春这么一领头，顿时发一声喊，占领了雍丘县城，将令狐潮拒之城外。

令狐潮瞅瞅城上虎视眈眈的军民，心惊；望望背后握着长枪正朝自己奔来的张巡，胆战。他好不慌张，可嘴里还说："好，咱们走着瞧!"说罢朝北逃跑，去投降叛军，跟着他走的只有少数亲信。

张巡在雍丘军民的拥护下，和贾贲等人一起进了城。他亲切慰问了那一百多名宁死不降的军民，特别赏识赞扬雷万春，当即请他担任了自己的部将。

没有几天，迫不及待报复的令狐潮，带着大队叛军兵马杀来，企图攻取雍丘。贾贲出城迎战，不幸阵亡。张巡奋力杀退敌兵，抢回贾贲的遗体。从此以后，他就独立承担起领导雍丘军民抗击叛军的责任。

不久，从洛阳传来了安禄山杀害颜杲卿、袁履谦等人的消息。安稳山的用意，是以此虚张声势，威胁恫吓反对他的人们。但是结果适得其反，更多的人投入了反抗安禄山叛乱集团的斗争，张巡誓与叛军战斗到底的意志也愈加坚决了。

2. 斥敌守城

投降叛军的令狐潮，按说不过是一个小角色，可是他熟悉雍丘的内情，又死心塌地替安禄山卖命，因而得到了重用。

天宝十五年（公元756年）三月，令狐潮引着叛军四万人马，来进攻雍丘。

雍丘城中可以上阵作战的将士，总共只二千来人，要对付多到二十倍的敌军，可不是一件容易事。有的将领就觉得雍丘孤城难守，主张趁敌军未到，赶快远撤。

可是张巡认为，兵不在多而在精，尤其要紧的是军心士气。他对大家说："令狐潮现在带了这么多兵力来攻打雍丘。如果咱们撤离，城中的老百姓首先就遭了殃；他大队骑兵再一追，咱们多半跑不掉也战不过。依我说，只有坚守雍丘，才能保城安民!"

"话是这么说,可是双方兵力悬殊,守城也的确难啊!"有人叹息说。

张巡思忖,全城军民有这样想法的恐怕不在少数,得一开仗就挫灭敌人的锐气,然后才能振奋军民们的斗志。于是,他胸有成竹地说:"守城其实也不难。令狐潮自以为了解雍丘城中虚实底细,这回又仗着叛军兵多将广,绝不会把咱们放在眼里,所以这是一支骄兵。再有,敌军是从远处赶来的,行军难免疲乏,所以,这又是一支疲兵。既然是骄兵、疲兵,我军出其不意,趁其立足未稳,突然袭击,一定能够杀敌成功!"

将领们一致赞同张巡的分析,雷万春还主动要求率军出击。张巡笑着对他说:"敌军有四万之多,仗有得雷将军打的!"他命雷万春带着一千军士守卫城上,自己亲率一千人马,准备出城袭击敌军。

令狐潮带着叛军队伍赶到雍丘城下时,已近黄昏,便下令扎营,预备明日再战。可是,叛军刚刚把营具解开,雍丘城中就有一群猛虎般的将士杀了过来。张巡一马当先,挺枪直冲敌阵;将士们一以当十,如入无人之境。叛军猝不及防,被杀得人仰马翻。令狐潮只得下令退兵三十里,到远处扎营过夜。

唐军首战告捷,雍丘军民士气大振。第二天,叛军在雍丘城四周架起大炮,疯狂轰射。雍丘本是一座小城,墙垒又不坚固,没多久城墙敌楼就被打得一塌糊涂。张巡指挥着雍丘军民,一边在城上树立起早就准备好的木栅,替补被炮石打坏的城墙缺口,一边发动男女老少民众,及时修复了城墙敌楼。

接着,令狐潮又下令架云梯爬城。叛兵人也实在多,趴附在城墙上，密密麻麻的就像上树的蚂蚁群。张巡沉着镇静，命令身强力壮的士兵用木棍、铁杖顶住云梯的上端，硬是弄翻了许多云梯；也有些唐军士兵将浸过油的草把，点着火朝下扔去。叛军纷纷从高空坠落，或给火烧着，死伤不计其数。

叛军发动了一次又一次攻势，都被打退。令狐潮恨得咬牙切齿，可是又无可奈何，于是命令队伍散开，围着城墙扎下连营，企图困死张巡和城中军民。

张巡很会抓敌人的弱点。他利用叛军兵力分散，多次带着小股骑兵出城突击，袭扰得敌人不得安宁。叛军围城两个月，张巡和雷万春等率领将士们，与敌人进行了大小战斗三百多次。他们吃饭时都不卸下身上的铁甲，有时连日连夜地袭扰敌人；将士们在战斗中负了伤，稍稍包扎一下，转瞬又跨上马背冲向了敌营。令狐潮给折腾得兵疲气馁，只得下令撤去包围，将部队带得远一点。张巡瞅准时机，率军追击掩杀，斩首和俘虏叛兵约两千人，这才收兵回城。

眼看张巡英勇，雍丘难破，过了几天，令狐潮忽然心血来潮，想把他与张巡阵上初见时的对话继续下去，就将部队带到离城里把路的地方列阵。自己从老远就打着手势，示意城上不要放箭，然后单人匹马跑到城下，声称要与张巡说话。

张巡登上城楼，不胜鄙夷地朝城下瞟了一眼，喝道："令狐潮，你背叛朝廷，十恶不赦，趁早反正，饶你一死！"

令狐潮假装恭敬地作了个揖，讪笑着说："你的忠义智勇，令我钦佩。可是，现在大燕皇帝（指安禄山）的军队正进逼着潼关，唐朝的天下眼看就要完了。你以弱兵死守一座孤城，又为谁尽忠义呢？"

　　张巡本想，这令狐潮连起码的忠义道理都不懂，同他有什么好论说的？转念一忖，不如趁机讥刺他几句，就回答道："我守雍丘，并不为谁。只因为我自认是唐朝的臣子，黄帝的子孙，活着就要对得起国家和老百姓，死了也要有面目见列祖列宗于地下！"

　　"这——"令狐潮一听，这不是在骂自己吗，一时说不出话来。稍停，才转个话题道，"你我总还算是老朋友——"

　　"呸！"张巡不等他说完，打断说，"亏你还说得出口！我只记得你从前曾经标榜自己怎样忠义，我只怨我当时没有认清你背脊里没有一根硬的骨头。像你这样投降叛贼，为虎作伥，忠义二字究竟何在，为人脸皮置于何处！"

　　"我，我只不过出于好心，希望你能与我一起同享富贵……"

　　"无耻！我为国家起兵抗叛，我为百姓坚守孤城，即使身首异处，也会含笑归天。可你，贪图富贵投降叛贼，并且仗着贼势欺凌同胞，将来叛军完蛋，像你这种人，不但要斩首示众，还当遗臭万年！"

　　令狐潮脸上一阵红一位白，再想说什么，见张巡一手举弓，一手正伸向箭袋，慌忙拨转马头，逃回了本阵。

　　当年五月，安禄山叛军攻破潼关，唐玄宗出走四川。太子李亨逃到灵武，即皇帝位，为唐肃宗。围困着雍丘不走的令狐潮，还不死劝降这条心，借此机会写了一封软硬兼施的信，用箭射入城内，说是"大燕皇帝"已占领京都长安，唐朝可以说已经灭亡，识时务的话应当早早投降。否则，一旦城破，就不客气了！

张巡看了信，哼哼冷笑，为了稳定军心，他故意让将领们传观了令狐潮的信，然后叫大家议论。

雷万春等多数将领，毫不动摇抗叛的决心，坚决主张守城。只有六名将官提议投降，理由是敌兵人多势众，久久围困不去，雍丘县城既小，粮草物资又不充足，只怕时间长了，城必失守。再说，京都既已经失陷，皇上存亡也不可知，唐朝的气数大概已到尽头，还是投降算了。

张巡想，当初令狐潮率兵四万来攻雍丘，有人主张远撤，那是仗怎么打法的问题，还情有可原。可如今这六个人主张投降，却事关忠义气节，不能不严重对待！恐怕将士中有这种想法的人远不止他们几个，我得让大家受到训诫……

第二天一早，张巡把更多的将士召集到雍丘公堂，先是叙说了战争的形势，爱国的道理，然后斥责那六名将官不忠不义，有负国家，下令将他们推出斩了首。

从此以后，雍丘城中再也没有人敢说投降了。军民同仇敌忾，齐心协力，誓志守城，宁死不降。

雍丘军民在张巡的领导指挥下，坚守孤城好几个月，原先储藏在城里的粮食和盐巴渐渐吃光了。由于断粮缺盐，将士们身子都软绵绵的，打不起精神来。说也巧，就在这时，张巡派出的侦察军士探知，令狐潮有几百艘装载着大米和盐的船只，刚刚驶到了雍丘城外的惠济河。张巡于是用了一条调虎离山计，让雷万春带一支部队袭击叛军停在河边的船只，然后假装败退，引诱看守粮、盐的叛军追赶；张巡自己，迅速指挥将士，把大量米和盐搬进城里。看守粮、盐的叛军发觉中计，回过头去护船时，已经一大半船舱给搬空。张巡他们最后撤回城

52

去时，还把剩下的没来得及运走的粮、盐，连船一起放火烧了个精光。

有了粮、盐，雍丘军民守城的劲儿更足了。但是，由于战斗频繁激烈，没有多久，箭却已经所剩无几。张巡心生一计，吩咐将士们如此这般。当天夜里，雍丘城墙上就有成百上千个黑魆魆的人影，沿着绳子徐徐往下缒去。

"不好，唐军要来袭营！"巡哨的叛兵发现了这一情况，一边朝城墙那边放箭，一边向主将报告。令狐潮一看，这不是张巡派兵下城来偷袭吗？他连忙下令，趁唐军士兵不上不下缒在半空的时候，乱箭齐发，把他们统统射死！

此令一下，叛军官兵全都朝着那些黑影，嚓嚓嚓地放起箭来。一时间箭密如骤雨，弦响震夜空，那些黑影大多不再往下缒，倒是向上爬回去了。

可是，叛兵射的箭稍一放松，城墙那边的黑影又缒下来了！令狐潮赶紧叫放箭，并且索性安排了三千名弓箭手，命令他们：只要唐军往城下缒，就尽管放箭。

但是，唐军仿佛下决心非出城偷袭不可，敌人虽说不停地射箭，城墙那边总不断有人影上上下下。叛军射了一夜的箭，直到东方渐白，这才没人从城墙上缒下来了。

令狐潮自以为没有让张巡偷袭成功，还断言一定射死了不少唐军，不免洋洋得意。可这里张巡、雷万春等人，却在城墙上暗暗嘲笑令狐潮的愚蠢。原来，那许多在城墙上缒上缒下的黑影，压根儿就没有一个唐军士兵，全都是穿着士兵衣服的稻草人。真正的士兵都在城上的雉堞（射箭的护身垛）后面，手里捏着绳子，像表演提线木偶的艺人，把绳子另一端的稻草人拉上去又放下来。一夜工夫，稻草人身上都给叛军射来的箭插成了刺猬模样。军民们把箭统统投下，扎成捆，堆起来，大略数了数，竟有几十万支！

第二天夜里，张巡还是用这个办法，继续向叛军借箭。令狐潮依然叫士兵射箭，可射到天快亮时，他忽然想到，哪有这么不怕乱箭射还愣愣地往城下缒的士兵，又哪有明明给对方察觉了还不改变行动的偷袭！他亲自跑近城墙去细看，才发现那许多"偷袭"的"士兵"，原来都是假人，身上插满了这边射过去的箭，气得他双脚直跳，叫嚷着下令，再也不要理会那些黑影了！

第三天天一黑，雍丘城上又开始往下缒人影了。但令狐潮已经学了乖。他部下士兵奉令不用再射箭，也就睡起大觉来。在令狐潮想来，既然已经识破了你张巡的诡计，就要你一无所获。他可不知道，此时此刻，张巡正在城中，将白天挑选出的五百名勇士集中到一起，对他们勉励说："昨天和前天夜里，咱们从敌人那里借来了守城足够用的箭，那是'以假乱真'之计；如今敌人已经不把墙上的人影当一回事了，咱们就再来一个'弄假成真'之计，冲进敌人的大营，去砍他们的头！勇士们，杀敌立功，就在今晚！"

说罢，张巡让那五百勇士，身穿黑衣，也像稻草人一样缒下城去。为了混淆敌人眼目，同时仍然用一些稻草人，靠着城墙上上下下移动。

令狐潮只当张巡故伎重演，所以毫不防备，反而讥笑张巡徒劳空忙，任凭那些黑影在城墙上动作。

五百勇士缒到城下，悄悄整队，弯腰逼近了敌营，突然发起袭击。勇士们乘风放火，焚烧营帐，并借着火光呼啸冲荡，猛砍猛杀刚从睡梦中惊醒的敌兵。叛军还以为唐军是从天上掉下来的，许多人糊里糊涂地送掉了性命。营区中更是一片混乱，不少人自相践踏而死。最后，令狐潮带着残兵奔逃了几十里，才喘上一口气。

令狐潮把牙齿咬得格格响，向主子又要来援兵，将雍丘围了个结结实实。他自己扎营在雍丘西门外，把西门作为进攻的重点。

张巡心中的妙计层出不穷。他找了三个脸膛黑黑、长相仿佛雷万春的将士，穿戴着雷万春一样的铠甲头盔，分别站在雍丘东、南、北三门的敌楼上；雷万春本人，则在西门城头上指挥守卫。然后，张巡吩咐雷万春如此这般，自己带领一支精兵，埋伏在西门内，约定以梆子为号，出城杀敌。

叛军从远处辨不清真假雷万春，就向令狐潮报告。令狐潮断定四个雷万春必有三个是假，下令不问真假，只管施放冷箭。中军大营的叛兵首先行动，朝城上的雷万春射起箭来。

敌人先后有六支箭射中了雷万春的面门，还有好些箭射在他身上。可是雷万春按照张巡的授计，忍住剧痛，岿然屹立，纹风不动。叛兵们以为张巡这回又是以假乱真，放了个木头的假人来欺骗他们，于是放下弓箭，朝着城上指手画脚，鼓噪呐喊："木头人，木头人！这雷万春是个大木头人！"

冷不防，城上那"木头人"把头一扬，口一张，厉声喝道："叛贼，认得我雷将军吗！"

说着，雷万春硬是将脸上身上的箭，一支一支地拔下，顿时血流如注。可是他仍然挺立着，两道疾利的目光，眈眈怒视

着敌人。

这一声晴天霹雳般的猛喝和神勇无畏的拔箭动作，把城下所有的叛军官兵，吓得瞠目结舌，令狐潮也大吃了一惊。就在这敌军惊骇异常的当儿，只听得城上一声梆子响，但见西门突然打开，张巡亲率一队将士冲突而出，撞入敌营，转眼就斩得叛军一百多颗首级，还俘虏了十四名敌将。

令狐潮窜逃了好几里地，惊魂稍定，才领着败兵回马，见张巡还在城下，便直着嗓子大叫："我见你与雷将军如此英雄，已领教你军令严厉，战守皆能。可惜天道不助唐，你何不将这身智勇本事效忠于大燕皇帝，日后便是开国元勋！"

"天道！"张巡冷笑答道，"哼，你连做人的道理都不懂，哪里配谈天道！"

说罢，他不屑再理会令狐潮，扬扬手招呼部下将士，挟持着俘获的敌将，从容驰入了雍丘西门。

令狐潮吃足了苦头，不敢再驱兵进攻，只把雍丘死死围住。城中粮、盐不缺，箭也足够，可是日子一长，木柴却烧完，军民们把家具都劈了。没有柴升不了火，生米就煮不成熟饭。张巡想了想，到城头向令狐潮表示，要投降是万万办不到的，但是可以带领全城军民撤离雍丘；为了保证撤离时不受追击掩杀，要求敌军向西后退二舍（一舍为三十里）。令狐潮觉得，只要拿下雍丘，就好向主子交账，后退一步有什么不可以的？他还暗自庆幸张巡居然主动提出撤离，当即下令全军后退二舍。

张巡见叛军中计后退，立即命令全城官兵百姓倾巢而出，有的抢拆城外的房屋，搬回木制的门、窗、梁、柱和各种器具；有的抢砍郊外的树木，连枝带叶飞快地运进城内。令狐潮发觉受骗，气呼呼地率军冲回。这时，雍丘军民早已满载而归，安然入城，夺得的木料柴草堆积如山，多得够用一年半载的了。

令狐潮怒气冲冲地到城下责问张巡："为人应当言而有信，你说好撤离雍丘的，为什么不走！"

张巡暗暗好笑，同你这种人只能用计，岂可讲信，索性再使一计。他想到城中的战马因频频出击已剩下不多，而且都很疲瘦，就假装叹口气说："现在雍丘百姓和我部下士兵都是想撤走的，可是将官们缺乏好马，不肯步行。你如能送三十匹好马过来，将官们有了马骑，一定撤离。"

令狐潮因为打了快一年还没有能够拿下雍丘，反而损兵折将大伤元气，为此已多次受到安禄山的斥骂。他想，三十匹马就三十匹马，只求张巡快快撤走。于是他把马如数送上，由张巡派军士到城门口接入。

三十匹好马一进城，张巡立刻把它们分给雷万春等三十名骁勇的战将，吩咐他们说："我将西门虚掩，你们在城门内埋伏，等会一听到炮响，立即飞马冲入敌营，不必注意那些小兵，只管寻找叛军的将官，每人或斩或擒一名，迅即归城，可记大功！"

三十名骁将受命埋伏去了。张巡上城对令狐潮说："我把马匹都分下去了，可是还有些将官没马骑。你干脆再送三十匹来，大概也就差不多了。"

令狐潮明白自己又一次上了当而且被嘲弄，气得发昏，破口大骂。忽然，城上一声炮响，雷万春等三十名骁将，骑着刚

刚收到的好马，旋风一般冲出西门，卷入敌阵，杀死和活捉了十几个叛将，霎时间，又旋风一般驰回城里去了！

忠心报国而又智勇双全的张巡，在雍丘爱国军民的支持下，不仅打退了叛军无数次的进攻，而且一而再、再而三地主动出击，斩杀了成千上万名敌军。

3. 浴血睢阳

至德元年（公元756年）十二月，张巡收到了睢阳（今河南省商丘市）太守许远派人送来的一封信。信上说，他坚守睢阳孤城已经一年，近日因为遭到叛军比以前更凶猛的进攻，恐怕防卫有失，所以请求救援，共同坚守睢阳。

张巡权衡了一下，睢阳是江、淮的门户，地理位置比雍丘更为重要；而雍丘经过一年战守，已基本上是一座空城，不如带着军民撤向睢阳。于是，他率领队伍，掩护百姓东行，途中招纳青壮年农民等参加义军，并在睢阳西面的宁陵留下了一支人马，作为声援。到睢阳时已是次年的正月，张巡部下约有三千将士。

许远见张巡来到，十分欣慰，亲自到城门口迎接，然后，将城中主要将领召集到官署大厅上，与张巡相见。

经过一年的守城苦战，将领们脸上都显示出风霜倦容，有的还裹扎着伤口，但是个个精神抖擞，斗志昂扬。他们依次向张巡行礼，许远在旁边逐一介绍姓名。众将领退下去后，许远又同他详细叙说了他们各自的性格及战斗作风等。当说到其中一个名叫南霁云的将领时，张巡插话说："南霁云？就是那个长得熊腰虎背、双目炯炯有神的将领？"

"对啊，你的记性也真强！"许远笑了，"说起这个南霁云，还有与众不同的来历哩。他是彭城守将尚衡的先锋，前不久派到睢阳来办件公务。可是听说我已写信请你到睢阳来守城，他就不肯回去了，说是一定要跟着你，当你的部下！"

"真有这事？"张巡引起了兴趣，"他同我素不相识，怎么会如此钟情？"

"这可不是钟情，这是钦佩，是崇敬。谁不知道你守雍丘足智多谋，英勇了得。别看兵荒马乱，消息阻隔，老百姓正把你坚守雍丘的事迹到处传扬，要不，我又怎么会慕名将你请来呢！"

"哈哈，你看，是不是请他来一起聊聊？"

"行。"许远派人去请，只一会儿南霁云就进来了，原来他候在官署门口，等着张巡出去时好同他说话。

南霁云重新拜见了张巡，当面提出请求，希望终身成为他的部将，冲锋陷阵，杀敌发动。

张巡瞧他这股虎虎生气，满心欢喜，却故意说："现在叛军势盛，睢阳要比彭城危险得多——"

"要是怕死，我当初也不投军了！"

"晤，你是投军出身？"

"是的。我原先撑船为生，爱好武艺，一年前安禄山叛乱，为报国杀贼，我参加了唐军……"

张巡打心底里佩服，点头说："南将军爱国至诚，真是一片忠心。我部下也有一员虎将雷万春，与你正好是一对！"

许远部下原有三千八百人马，加上张巡带来的将士，共有六七千兵力。张巡为了增强军民们守城的信心，亲自率军出

城，并派雷万春、南霁云两将各带一支人马出击。两员虎将果然英勇，不过一个来时辰，就斩叛将二十名，杀叛兵一万多人，尸体投入汴水，河流竟被阻塞。

叛军吃了大亏，集中兵力来攻睢阳。张巡依照他出击与固守相结合的战术，指挥着将士们昼夜苦战，有时一天中就要进行大小战斗二十次。双方交锋十六天，唐军擒获叛将六十多名，杀死叛兵两万多人。睢阳军民受到胜利的鼓舞，士气更加高昂。

许远原就对张巡非常钦佩，这时便由衷地对他说："将军智勇双全，攻守有方，我自认不如。就请将军担负起领导全城军民防守睢阳的重任，由我来负责供应军粮战具吧！"

战局危急，当仁不让。把杀敌报国看作自己神圣责任的张巡，毫不犹豫地答应了许远。

许远的官职是睢阳太守，张巡只不过是真源县令；许远是朝廷任命镇守本郡的职官，张巡却仅仅是从外郡来救援的义军将领。有人觉得不妥，悄悄对张巡说："将军代替许太守担负守城的责任，难道不怕别人说你贪图官位吗？"

张巡摇了摇头，笑着回答："这哪里是贪图什么官位？这是带头上刀山啊！国家有难，我应当争先上刀山！再说，既然我比他更有守城的智勇，挑起这份担子有什么不可以的呢？至于别人怎么说长道短，就不必去管他了。"

这时，叛乱集团的头子安禄山，已在内讧中被他的儿子安庆绪杀死。安庆绪急于进占江、淮，派了大量兵马来攻打睢阳。叛军主将名叫尹子奇，他仗着手下人马比睢阳守军多十几倍，扬言不出三个月就一定能进城。

张巡有过坚守雍丘的经验，明白凡要守住一座孤城，应当立足于战，绝不能干坐着等挨打。他带着一队将士，出城列阵，预备与敌人一战。尹子奇见对方人马那么少，忍不住发笑。可张巡就是要敌人骄怠才故意示弱的。他看叛军连战斗的架势都懒得摆开，就亲自举着大旗，率领将士们冲锋。叛军没提防张巡真的会冲过来，顿时乱作一团，纷纷溃逃。这一仗，唐军斩敌将三十多名，杀死敌兵三千余人。

第二天，张巡又一次出战。尹子奇学了点乖，不再轻敌。但张巡和南霁云、雷万春等人实在勇猛，一昼夜冲锋数十次，打了许多胜仗。唐军接连两天大捷，压住了叛军的凶焰。

尹子奇这才真正领教了张巡和他部下将士的厉害，一边向主子要来增援的兵力，将睢阳团团围住；一边下令坚守阵营，不要轻易出战。

面对着睢阳城外密密层层的叛军兵营，张巡心中又生出一计。当天夜里，睢阳城东、南、西、北四门大开，战鼓声震天动地，仿佛唐军千军万马马上就要出城冲锋奔袭敌营一般。尹子奇听到鼓声，连忙传令各营不许睡觉，防备唐军前来冲营。

但是，叛军忙乎了一整夜，只听到睢阳城中战鼓声隆隆不息，却不见唐军一个士兵出城，更不用说冲过来。天明以后，战鼓声索性不响，连四扇城门也关上了。

叛军官兵白白劳累了一夜。尹子奇心中疑惑，叫士兵爬到大树上面，观察城内的动静。士兵看到的是，睢阳城中的军民好像已很疲乏，守卫在城墙上的唐军将士也全是无精打采的样子。

尹子奇想，事情十分明白，张巡原来必是打算冲营的，后来不知发生了什么变故，所以没有出城。自己这边官兵已经通宵没睡，待会儿要是有什么情况，恐怕对付不了。想到这里，他赶紧传令，各营解甲休息。

张巡看看已经日上三竿，料定这会儿叛军就算没睡觉也必精神倦怠，立即命令已美美地睡了一夜觉的南霁云、雷万春等将领，每人率领五十名精骑，突然打开城门，冲袭敌营。

叛军虽有哨兵，大多因夜来疲乏而朦朦胧胧，等发现情况喊叫起来，唐军精骑已冲到营前了！尹子奇睡梦中听到一片混乱之声，睁开惺忪的睡眼，连忙披甲上马。可他才走了几步，就惊惶地大叫"不好"。此刻一支唐军骑兵已经突入他中军大帐前面，为首一员大将，正是英勇绝伦的南霁云。

南霁云奉着张巡将令，一入敌营就直冲中军大帐，迎面碰到尹子奇。大喝一声："叛贼，哪里走!"说着催马上前，挺枪就刺。尹子奇慌忙招架，可他哪里是南霁云的对手，才三个回合，便狼狈逃窜。南霁云抽出一支箭搭在弓弦上，"嗖"地射去，正中尹子奇的后心，若不是他身上穿着厚厚的铁甲，准得把命给送了。

尹子奇感到后背一阵阵疼痛，知道中了南霁云的箭，还好只伤着皮肉，赶忙叫手下几员将领挡住南霁云，自己伏鞍而逃。主将既逃，士卒更无斗志。南霁云、雷万春等将领左冲右突，如入无人之境，斩敌将五十余名，杀敌兵五千余人，并夺得了叛军的军旗，这才喜形于色地回到了城内。

尹子奇吃了大亏，改变主意，决定主动攻城。这家伙一想到南霁云百发百中的弓箭，就心惊胆寒，于是找了五个面貌身材与自己相似的军士，穿着和他一样的衣服盔甲，来到阵前，探头探脑地寻觅适宜发起重点进攻的防守薄弱环节。

六匹马上骑着六个"尹子奇"。南霁云在城上辨别不清哪个是真的，想射箭也认不准儿。

张巡眉头一皱，计上心来，叫南霁云手执弓箭，随时准备射尹子奇；又叫雷万春率领一队骑兵等候在城门里边，随时准备冲锋，同时吩咐几名部下，用树枝削成几十支箭，混在真箭中一起射向敌军。

许远感到奇怪，问："你这是干什么？"

"叛军拾到树枝削的箭，一定以为我军的箭已经用完，会将消息向主将报告。既然如此，那个真正的尹子奇不就暴露了？"张巡胸有成竹，十拿九稳地说。

果然，叛军士兵拾到树枝削的箭，兴冲冲地拿着去向尹子奇报告。

"南将军——"张巡看到，脱口朝南霁云喊道。

"着！"南霁云瞅得真切，拉开满弓，"唆"地把箭射出。

"哇呀！"这一箭不偏不倚，正中尹子奇的左目。尹子奇一只手捂着鲜血淋漓的眼窝，另一只手紧紧揪住马鬃，不让自己跌下马来，左右将士连忙把他扶住。

叛军主将中箭受伤，敌阵顿时一片混乱。张巡朝着城下门内喊道："雷将军，冲！"

候在城门里边的雷万春听到，立即率领着将士们跃出城门，直奔痛得哇哇乱叫的尹子奇。

尹子奇一只眼睛已被射瞎，另一只眼睛也给淌开的鲜血糊住，亏得左右将领保护，才没有成为俘虏。雷万春等人一阵好杀，然后回城缴令。

　　张巡守睢阳不到半年，就指挥将士们打了数以百计的大小胜仗。但是，城中的粮食渐渐吃尽，将士们每人每天只能分到一小勺米，掺和着树皮、草根，熬成稀粥喝。由于饥饿，疾病，加上战斗伤亡，年初时的六千八百名将士，这时已只剩下了一千六百个面黄肌瘦的汉子。

　　张巡和许远鉴于这一情况，改变了出击杀敌的策略。他们趁尹子奇受伤没来攻城，抓紧修整守城器械用具，作长期坚守睢阳的打算。

　　过了十多天，尹子奇瞪着剩下的那只右眼，又来攻城。这一回他狡猾多了，不仅自己躲在后头，而且调来了几辆飞云车。黄昏时分，他叫士兵把飞云车推到城前，扬言明天一定要攻破睢阳。

　　飞云车也叫飞云梯，它底下装着六个轮子，可以前进后退；三边蒙着厚厚的牛皮，可以抵挡矢石；上面高过城墙，约摸能站二百来名士兵；前端伸出，士兵可以踏着它跳跃到城墙上。张巡把许远、南霁云和雷万春等将领召集到敌楼，商量守城的办法。大家都说：飞云车又高又大，能进能退，敌兵不仅可以居高临下射箭，而且可以跳上城墙攻战，唯一对付它的办法只能是火烧。

　　"可是，"许远又觉得火烧难以奏效，"飞云车是有轮子的，咱一扔火把，推车的士兵就把它拉回去了呢？"

　　撑船出身的南霁云想了想，提议说："有了，我抛缆绳把它拖住，不让它往后退！"

　　"不成，飞云车上面的叛兵比城墙高。你抛缆绳时无法遮身太危险了！"雷万春连连摇头。

"就算你抛准了缆绳，飞云车上的叛兵也很容易用刀将它割断。"许远也觉得不妥。

张巡得到启发，豁然开朗，说："有了，咱们把铁钩装在大木柱的顶端，用带铁钩的大木柱去钩住飞云车，叛兵就不容易砍断，飞云车也无法后退了！"

"如果能钩住它的半中腰，就更好——"南霁云目不转睛地瞅着飞云车的木架，建议说。

"那好办，"张巡的点子实在多，"咱们在城墙上凿开一个个洞，大木柱就从墙洞里伸出去，那铁钩子一定能钩住飞云车的木架中腰。"

"这主意好！"雷万春赞同说，"只要钩住了飞云车木架的半中腰，它就别想往回退了！"

"不过，"许远想得还要深远些，"叛兵反正退不回去了，干脆朝前进，拼死来攻城。而这时火烧还没来得及奏效，又怎么办？"

"那就在城墙上再另外凿些洞，伸出一根根顶端装有铁丫杈的大木柱，把飞云车顶住，不让它往前一步！"

"将军好办法！"南霁云鼓掌大笑，"飞云车既给钩牢，又给顶住，势必欲退不能，欲进不得，寸步难行，无法动弹！"

"然后再用火烧，大功即可告成！"雷万春连连点头。

许远对张巡简直佩服得五体投地："你啊，是从哪本兵书上看到这种法子的？"

张巡摇头大笑："兵书上可没有这种法子。我不过是根据眼下情形，灵活运用兵书上的道理罢了！"

主意既定，马上行动。张巡指挥着将士们，连夜在城墙上

凿了好些洞，洞眼仍用原来的城砖堵住。其他的器械加木柱和铁钩、铁权等，也都准备好了。

第二天早上，尹子奇命令士兵们推着飞云车，一步步进逼至睢阳城墙跟前。每辆飞云车上面都有二百名精兵，张弓的张弓，持刀的持刀，藏身在牛皮后面，准备着往城墙上跳。

可是，飞云车还没有推到贴近城墙，城墙中部突然捅出几块城砖，露出了好些洞来。不等飞云车上的叛兵看清怎么回事，墙洞里伸出了一根根顶端带铁钩的大木柱，把飞云车的木架钩住了；紧接着，又是一根根顶端带铁丫权的大木柱，把飞云车的木架顶住了。飞云车动弹不得，成了个死家伙。车上的士兵眼睁睁瞅着那些"抓"住飞云车半腰的大木柱，束手无策；而在下面推车的士兵，则因为大木柱高高在上，同样对它没有办法。

正在尹子奇被这种奇特的战术惊得目瞪口呆的当儿，又有一些熊熊燃烧着的大木柱从墙洞内伸了出来。木柱前端缠绕着浸过油的布条，仿佛一支支巨大的火炬，一下子烧着了那些飞云车。车上的叛兵，不是给烈火烧死，就是跳下坠死，全都送了命；连在下面推车的士兵，也有不少归了天。

尹子奇气得哇哇直叫，过了两天，又调来了钩车。钩车的臂长长的，前端是个铁钩，用它可以去钩城上的防御设施和守城的唐军将士。

张巡还是使用木柱。不过，这木柱比上回烧飞云车时用的要细长轻巧，上面绑着一根铁链，铁链的一端连着一个圆铁环，另一端绕在大辘轳上。将士们就拿着这木柱，用圆铁环去套钩车的长钩，一旦套上了，就用大辘轳把长钩连同钩车，一起往城墙上吊。仅仅大约一顿饭的工夫，叛军的钩车就全给吊进城里去了。

飞云车烧了，钩车又飞了，尹子奇改从城墙下面打主意。他叫人做了一些巨大的"木驴"——木头制的避箭车，让士兵躲藏在它的下面，慢慢移近城墙。然后借着"木驴"掩蔽，挖掘城墙的墙脚，企图由此打开攻城的缺口。

张巡见叛军用"木驴"攻城，仍然用火对付，吩咐大家将火把扔下去烧"木驴"。可"木驴"的背又圆又滑，火把烧不着它，落到地上，都给它下面的叛兵踢开了。他想了想，迅速动员睢阳城中的老百姓，把家里的烛台、酒壶等锡器拿出来，并在城墙上支起铁锅，将那些锡器放在铁锅里烧熔成液。然后，唐军将士把沸滚的锡液，兜头盖脸地浇泼下去。锡液浇在"木驴"上，"木驴"立刻冒起了浓烟，一会儿就燃成大火，烧为灰烬。木驴下面的叛兵纷纷逃出，不是给锡液烫伤烫死，就是成了唐军的箭下之鬼。

尹子奇仗着人多，又叫士兵举着盾牌挡箭，把柴枝和盛着泥土的麻袋，堆积在睢阳西北角城墙外面，预备垒成斜坡，然后踏着它攻上城去。

斜坡哪是三五天堆得成功的。白天，张巡叫士兵拿着弓箭朝下，发觉叛军有疏于防备的，就射死他们。叛军不得不一直用盾牌遮盖着自己，垒斜坡的速度也就慢得多了。到了夜里，张巡吩咐军民们往那柴土堆上扔易燃的松明干草，松明与草夹杂在柴枝土袋中间，一点儿也没有引起叛军的怀疑；叛军堆了十多天柴枝土袋，唐军也就扔了十多天松明干草。

好容易斜坡的前面堆得与城墙就差半人高了，尹子奇迫不

及待地下令，要士兵爬坡攻城。

张巡瞧见叛军攻城，命雷万春等将士加强守卫，不给一个叛兵爬上城头；同时命南霁云带一小队士兵从西门冲出，乘着初秋的西风放火，点燃夹杂着松明、干草和柴枝的斜坡。一会儿，斜坡燃烧了起来。爬坡攻城的叛军连忙退下，七手八脚地抬水灭火。可是风大火更大，头顶上又有唐军弓箭的威胁，哪里救得熄！这场火直烧了二十多天才熄灭，斜坡自然也坍塌了。

尹子奇计穷力竭，哀叹睢阳固若金汤，只得叫士兵围着城墙挖掘三道壕沟，指望旷日持久把城中军民困死。

4. 壮烈就义

这时，坚守睢阳孤城的将士，已经只剩下六百来人，还不到年初时的十分之一。眼看叛军在城外挖掘了三道壕沟，张巡于是设法寻求援军。他和许远商量后，派遣南霁云率领三十名骑兵，突出重围，去向当时的谯郡守将许叔冀和临淮（今江苏省睢宁县西北）守将贺兰进明告急求援。

南霁云奉了军令，当晚就和三十名勇士驰出城门。叛军见有人企图突围，蜂拥上来拦截。南霁云等人深感自己肩负责任的重大，无不一以当百奋勇冲锋，远的箭射，近的枪搠，拼命杀开一条血路，策马跃过三道壕沟，突出了重围。南霁云检点手下勇士，只损失了两名骑兵。

他们先是到了谯郡。可是许叔冀害怕叛军，不肯发兵去救睢阳。南霁云一再请求无济于事，不由得勃然大怒，跃上马背斥骂许叔冀："国家养着你们这种人是干什么的！你们平日侈谈什么忠义廉耻，可是危难时刻却不知报答国家！"

许叔冀给南霁云骂得抬不起头。南霁云要与他决斗，他更不敢吱声。

南霁云气忿地带着二十八名勇士，又驰到临淮，去见贺兰进明。

贺兰进明听南霁云叙说了睢阳危急的情形，半晌不语。末了，唉声叹气地说："睢阳是肯定守不住的了，还去救它做什么呢？"

南霁云想不到贺兰进明会说这话，争辩说："将军是朝廷任命的负责一个方面的大臣，难道忍心看一座重要的城市叫敌人占领？"

"这个——"贺兰进明摇了摇头，"我不是不肯去救，只怕南将军突围出城以后，睢阳已经陷落。再把救兵派去，送入叛军虎口，不是损失更大吗？"

"张将军每次战斗都亲临指挥，激动得须发怒张，目眦出血，以至把牙齿都咬碎。军民们为忠义所感动，坚持守城待援，我相信睢阳一定还没有失陷！"

"难说啊。据我所知，进攻睢阳的叛军有十三万之多。"

"退一步讲，即使睢阳真的已经陷落，霁云也愿以一死感谢将军发兵之德！"

南霁云如此慷慨陈词，贺兰进明还是无动于衷。

"将军，"南霁云强忍住心头怒火，跨前一步说，"万一睢阳失陷，叛军即兵至临淮。临淮与睢阳，正如皮与毛的关系，皮能存毛，毛能护皮，将军怎能坐视睢阳危急而不救！"

贺兰进明其实心中完全明白南霁云说的道理。可是，他不但害怕叛军，也担心谯郡的许叔冀会趁临淮兵力减弱而来抢占地盘，扩充势力。所以，不管南霁云怎么说，他就是不肯答应发兵。但是他又着实喜欢南霁云这员虎将，巴望能把他收在自己帐下，于是吩咐摆开酒席，召来乐工，请南霁云赴宴。

南霁云抱着请求贺兰进明发兵的最后一线希望，踏进了杯盘罗列、丝竹悦耳的厅堂。但是，他的眼前，浮现出睢阳军民忍饥挨饿与敌人血战的艰苦情景；他的耳边，响起了孤城妇幼啼哭哀号挣扎求生的凄切声音。南霁云眼泪扑簌扑簌地直往下掉。对贺兰进明说："霁云离睢阳时，城中军民吃树皮、草根已经一个多月。我此刻虽饥肠辘辘，琼浆珍馐又何忍下咽！"

贺兰进明毫无表情地低着头，他什么话都不说，也没有什么话好说。

"贺兰将军！"南霁云语气又激烈起来，"你拥有强兵猛将，忍心看国家的城池睢阳陷落，百姓葬送于叛军之手，居然没有一点救急解难之意，岂是忠臣义士所应该做的吗？"

听了这悲愤动人的请求，义正词严的责问，奏乐的乐工都没有心思把乐曲奏完，一个个放下了琴瑟笛箫，可是贺兰进明还是神色漠然地不说一句话。

南霁云忍无可忍，将左手抬到口边，张嘴格地一声，咬断小指，然后，把那只鲜血淋漓的小指头朝贺兰进明扔去，痛心疾首地说："霁云既然不能为睢阳求得救兵。请留下一指在此。这是我已到过临淮的见证，也是你拒绝援救睢阳的见证！"

瞧着这一举动，在座的人无不震惊，许多人当堂掉下了眼泪，有的甚至哭出声来。

南霁云知道贺兰进明终无出师的意思，猛然转身跨下厅堂，向随行而来的二十八名骑兵招了招手，翻上马背，疾驰而去。

经过一座寺院时，他抽出一支箭，开弓射向浮屠（宝塔）顶上的尖砖，说："我如破得叛军，必灭贺兰进明，今天就以这支箭为誓！"说罢一箭射去，把塔顶的尖砖射得粉碎。

谯郡、临淮都不肯发兵，南霁云只好驰往宁陵，调去张巡由雍丘在往睢阳时留守在那儿的一队将士。他路过张巡当过县令的真源县时，也从老百姓那儿征得了上百匹战马。

南霁云和将士们驰回睢阳，趁夜冒死冲入敌营，往包围圈中心的睢阳城杀去。尽管南霁云英勇了得，将士们同仇敌忾，毕竟寡不敌众，伤亡惨重。血战了一夜，只有一千来人杀近睢阳城门。

天明时分，恰恰起了大雾。张巡在城上听到城下有兵器撞击声和人喊马嘶声，断定说："这是南霁云到了！"立刻下令打开城门。南霁云和将士们已经精疲力竭，马上涌入城中。就是在这样艰难困苦的情况下，这支千把人的队伍，还是把从敌人那里夺来的几百头牛，赶入了睢阳城里。

张巡、许远见了浑身血迹斑斑的南霁云，为他入围重返孤城的爱国忠心和冒死杀敌战斗的无畏气概，深深感动。雷万春等也纷纷泪下，对南霁云和那些将士无比钦佩。

南霁云叙说了许叔冀和贺兰进明拥兵不救的态度，大家听了无不愤慨，但睢阳军民尽管知道援兵不会再来，战斗的意志却毫不动摇，反而因为受到南霁云榜样的激励更加坚定了。

有人提议，趁这会儿有南霁云驱入城中的几百头牛，宰杀掉让将士们吃一个饱，然后带着全城百姓向东突围。

张巡胸怀全局，坚决反对说："睢阳是江淮的屏障，江淮又是国家复兴的命脉。叛军之所以不敢绕过睢阳进攻江淮，就条因为害怕睢阳阻断他们的后路。如果咱们放弃睢阳，叛军势必长驱江淮，将来国家复兴，就更困难了。"

这一主张得到许远、南霁云和雷万春等将领的赞同。军民们誓死与睢阳共存亡。

可是，睢阳城被围困得太久，城中早已粮尽食绝，那些牛连皮带蹄也吃不了多少天。将士们把城中所有能找到的树皮、草根等都吃光了，只好杀战马。战马吃光了，又掘地洞灌水捉老鼠……

到了十月初，城中只剩下四百人还没有死，但也都已经奄奄一息，连兵器也拿不动了。

然而，在睢阳确实无法再守下去的情况下，军民们爱国的忠心始终不渝，绝无一人叛逃的。

十月初九日那一天，叛兵终于爬云梯登上了城墙。

张巡见了，仰天长叹，朝着京都方向拜道："臣力已竭，不能保全睢阳城了。臣活着没有为国家尽职，死后也要变作厉鬼杀那些叛贼！"

南霁云瞧着登城的叛兵，心生一计，对张巡说："我不杀尹子奇，死不瞑目，我想用——"

他还没说完，叛兵们一拥而上，把身软无力的张巡、许远、南霁云、雷万春等人，一一扳倒缚住。

尹子奇进了睢阳城门，跑到被缚住的张巡面前，狞笑着问道："听说你每次迎战，都眼眶流血，牙齿咬碎，是不是？"

张巡怒目圆睁，切齿痛骂道："我志吞叛贼，只恨无力啊！"

"你把嘴张开，让我看着牙齿！"

张巡闭上眼睛，理都不理睬。

尹子奇硬是拿刀撬开了张巡的嘴，瞧见口里果然只剩下了三四枚牙齿。

他忽发奇想，要是这强硬的张巡肯投降，自己的功劳岂不更大？这家伙于是把刀刃架在张巡脖子上，装腔作势地说："张将军既已成为我的俘虏，不如投降了吧！"

张巡把满口的鲜血喷向尹子奇，算是回答。

厚颜无耻的尹子奇用袖子擦擦脸，又把独眼转向南霁云："南将军射技超群绝伦，英勇盖世无双，死了不是太可惜了吗？"

南霁云正要回答，张巡忽然想起方才两人没说完的话。他料定南霁云想用诈降计松了绑后即杀掉尹子奇，又恐别人不了解他反而坏了英名，就喊道："南将军好男儿，要死便死，忠义不可屈！"

南霁云点点头，笑着回答张巡："原来我倒是想设计把这叛贼杀死的。将军果然是我的知己。我当然不会苟且偷生，负愧国家！"

尹子奇明白这些将领绝对不会屈服，就下了毒手。

叛兵们用的是割心剖肌的惨刑。但张巡、南霁云、雷万春和其他将士们，全都慷慨就义，没有一个改变脸色的。

为了向安庆绪邀功讨赏，尹子奇叫人把镇守睢阳名义上的主将——太守许远押解到洛阳去。许远和张巡他们一样宁死不屈，走在半路上，就因反抗而给杀害了。

后来，唐军平定安史之乱，收复了睢阳城。睢阳父老怀着

无限崇敬的心情，在当地建立了纪念张巡、许远的双忠庙，将两位英烈以及南霁云、雷万春等，奉为万世楷模。

寇准抗战

1. 力主拒敌

北宋初期，中国北部的契丹族奴隶主贵族，时常南犯宋朝边境。那时，契丹奴隶主统治者手下拥有成千上万的贵族骑兵，却不给他们发粮草，而是每天轮流派出几千人的骑兵部队，骚扰中原。劫掠汉族和其他少数民族人民，称为"打草谷"。那些贵族骑兵纵横两三千里。汉族老百姓等受其蹂躏，怨声载道。有一年，契丹贵族骑兵攻破相州（今河南安阳市南）后，屠杀男人，掳走妇女，甚至把婴孩抛到空中，用枪尖去接，以此消遣取乐。最后全城留下尸骨十多万具，活人只有七百多口！

宋真宗咸平二年（公元999年），契丹统治者发动贵族骑兵大规模地南犯，从那以后，差不多每隔两年。契丹奴隶主贵族就对宋朝大规模地进犯一次。咸平六年（公元1003年），契丹统治集团中主张南侵最起劲的统军萧达凛统率大队贵族骑兵，又一次汹汹南下，把宋朝的一名副统制也俘虏了去。

第二年夏天，萧达凛又狂妄叫嚣，要进攻宋朝。河北一带的契丹贵族骑兵也蠢蠢欲动，向宋朝边防军耀武扬威。宋朝北方边境一时出现了非常紧张的形势。

这时，宋朝的宰相刚刚去世，对契丹的嚣张气焰感到惶恐不安的宋真宗，想任命三司使（主持财政的大臣）寇准为宰相，但是又有点犹豫不决。他于是要副宰相毕士安推荐一名可

以担任宰相的大臣。

毕士安不假思索，脱口答道："寇准为国家忠心耿耿，正气凛然，能断大事，远斥小人，不徇私情，所以有些人不喜欢他。如今西北不太平，契丹又蓄意南犯，陛下正好起用寇准为相！"

宋真宗听到最后那句话，拿定了起用寇准为宰相的主意，一个月后，就正式任命寇准为同中书门下平章事（宋代宰相的名称）。

为什么宋真宗重用寇准时再三犹豫？寇准又究竟是一个怎样的人物呢？

寇准是宋太宗时有名的敢于直谏的大臣。有一次他上朝奏事，冒犯了宋太宗。宋太宗大怒，呼地一下站起，转身就走。换了别人，看见皇上大怒，哪里还敢吱声？可是寇准不同，他一步跨上前，拉住宋太宗的衣服，一定要他坐下。然后，他把要说的话说完，要办的事办到。宋太宗当时尽管恼火，事后却不由得称赞说："我得到寇准，就好比唐太宗得到了敢于直谏的忠臣魏征啊！"

但是，寇准性格刚强，说话冲撞，直言无忌，也常常得罪人。从这一点讲，宋真宗对他也是有顾虑的，要不是契丹奴隶主统治者气势汹汹，大战就在眼前，恐怕也不会叫他担任宰相了。

寇准就职以后，果然不辜负朝廷的期望，马上把注意力集中到北方边境的防务上来。

他发现，近几个月来，契丹小股贵族骑兵多次深入宋朝境内，而宋军大队人马只要一出动，那些骑兵就赶紧往回跑。

有人以为，这是契丹奴隶主贵族一贯对宋朝百姓的骚扰举动，不足为怪。还有一些人因为驱逐了这些贵族骑兵，感到沾沾自喜。

寇准不同意这些看法，向宋真宗一针见血地指出："这是契丹在做试探性进攻。我朝要是再不做准备，就会遭到大队契丹军的进犯！"

宋真宗想想也是，问："依爱卿说，该怎么准备呢？"

"朝廷应当抓紧时间训练军队，选拔将帅，调集精锐骑守住要害地带。这样，就可以显示我朝早已有所准备，震慑契丹不得轻举妄动！"

"对，对，"宋真宗仿佛忽然变得聪明起来，"契丹看到我朝有所防备，一定不敢再兴兵南犯了！"

"不！"寇准正色说，"契丹南犯，蓄谋已久，哪里会轻易罢休！我说的须有防备，是真的做好战争准备。只有这样，才能确确实实立足于不败之地！"

寇准的判断是正确的，他对宋真宗提出这一建议后不过半个月，北方边州就纷纷报来契丹奴隶主贵族即将大举入寇的消息。

宋真宗自从六年前即皇帝位后，不时听到一些议论，说太祖、太宗两朝皇帝怎么怎么英明有为，言下之意，是说自己不如他们，所以契丹奴隶主贵族一直没停止过对宋朝的骚扰和进犯。由于这时宋军已有不少部队调到了河北，这位皇帝突然心血来潮，想御驾亲征，把契丹奴隶主贵族打败，好给自己贴金增光。他于是煞有介事地对大臣们说："朝廷屡得边报，说契丹正大举南犯。现在国家重兵大多在河北，朕欲御驾亲征，与契丹决一胜负，请卿等议议，什么时候进发为宜。"

皇帝要亲自上前线指挥战争，这可是一件了不得的大事。朝中大臣绝大多数对契丹主和不主战，更不愿意打一场大规模的战争，所以都认为皇帝不必亲征，至多调兵遣将，督察各路将帅进退战守也就可以了。

只有寇准，想到皇帝亲征可以大大鼓舞军民士气，彻底打垮契丹奴隶主贵族军队，所以坚决主张皇帝亲自出马，说："我大军既然已集结于河北，陛下只有亲征，才能鼓舞士气，克敌制胜！"

毕士安本来也觉得用不着御驾亲征，听了这话，感到有理，就折中说："陛下如果真的亲征，圣驾宜抵临澶州（今河南省濮阳县南）。不过眼下秋高马肥，契丹骑兵十分嚣张，我军即使与敌人决战，也必须等到冬天。所以，亲征这件事，不妨再过几个月，等到冬天再说。"

"不，不！"寇准连忙表示异议，"陛下驾临澶州，这我同意。但是大战随时可能发生，圣驾必须立刻出发，不能再有半点迟疑！"

宋真宗说要亲征，原来不过是一时冲动，见两位宰相认了真，尤其寇准，竟然要他马上出发，不由得心中着慌。他实际上非常惧怕契丹，却又拗不过寇准，于是想退回内宫，不了了之。可他身子才动了一动，就被寇准看透了心事。

寇准大声说："陛下一进去，臣即不得见。如此，大事也就完结了。请陛下不要进后宫，而是立即上前线！"

宋真宗没办法了，只得答应亲征。

可是不到半天工夫，宋真宗却又变了卦。他把寇准召去，说："朕还是不去澶州了！"

"陛下怎么能把亲征大事视如儿戏？"寇准不怕冒犯，直通通地说。

"不是视如儿戏。"宋真宗红着脸回答，"朕亲征也罢，不亲征也罢，这东京（即宋朝京都开封，今河南省开封市）反正太平不了。所以，朕想到金陵（今江苏省南京市），或者到成都（今四川省成都市）去。爱卿看是金陵好呢，还是成都好？"

寇准一听，气得胡须都竖了起来。他看宋真宗边上两个大臣，一个王钦若，是江南人，另一个陈尧叟，是四川人。不用说，要皇帝到金陵去的，是王钦若，提议到成都去的，是陈尧叟。在那个时代，哪个大臣陪皇帝到自己家乡去转一转，可是光宗耀祖的大事，王钦若、陈尧叟又是两个畏惧契丹奴隶主统治者的主和派，自然更加怂恿宋真宗不去澶州而往南方跑。寇准明明知道是这两人出的坏主意，故意切齿痛恨地说："是谁替陛下想出这个计策的？说这话的人应当杀头！"

宋真宗听寇准这么说，不由得一愣。陈尧叟低着头，不敢吱声。只有参知政事（副宰相）王钦若，笑嘻嘻地装作没事儿一样，还微微地点头，仿佛同意寇准的意见哩！

寇准其实早已看透奸诈虚伪的王钦若，乜了他一眼，压下心中的怒气，对宋真宗说："如今军民同仇，将帅团结，陛下一旦亲征，敌人势必逃走。即使敌军还想进犯，我军出奇兵而制其谋，也能稳操胜券。倘若陛下放弃京城，远避楚、蜀（指金陵、成都），人心便不可收拾。如此，敌人趁机长驱直入，宋朝的天下还想保得住吗？"

宋真宗想想也是，搪塞说："我也没有讲一定要往金陵往

成都，如今就照爱卿的意思，去澶州就是了。"

寇准狠狠瞥了王钦若一眼，心想，放着这家伙在皇帝身边，抗击契丹的大事保不准又要给他搅了，最好把他支远点。于是，他对宋真宗说："敌军南犯，天雄军（今河北省大名县）是重镇，请陛下择一大臣，出守天雄军，以防万一。"

"你说派谁去好？"

"最好莫过于参政王钦若。"寇准说着，双眼直盯着王钦若。

王钦若听说要叫他出守天雄军，脸色都变了，往宋真宗面前一跪。

寇准不让他开口，抢前一步，说："连皇上都御驾亲征，大臣又怎么可以辞难？参政即日启程，前往天雄军便是了！"

王钦若抬眼瞅了瞅皇帝，见宋真宗似乎在点头，他霍地跳起来，责问寇准："寇相是否预备居守京城？"

"哈哈哈！"寇准大笑，"国家有难，老臣虽不会冲锋杀敌，也理应为国前驱，哪里会居守退后！毕相（毕士安）说他身体不适，不宜赴澶州，留守京城的公事，交给他也就可以了！"

王钦若没话可说了，只得到天雄军去上任。

寇准恐怕抗战大事再节外生出什么枝来，马上安排一切，催促着宋真宗启程，前往澶州。

2. 拥帝亲征

寇准担心抗战大事节外生枝，不是没有理由的。

宋真宗虽说由寇准护卫着从京都启了程，但是由于他心中忐忑，行动踌躇，前进的速度相当缓慢。而就在这时，契丹奴隶主贵族一边向瀛州（今河北省河间县）等城市发动了凌厉的攻势，一边企图威逼宋真宗屈服。契丹实际上的最高统治者萧太后，叫人写信给宋真宗说："契丹大军已围攻澶州，要夺取国关回（今河北省白洋淀一带，包括澶州在内，原是后晋石敬瑭割让给契丹的土地，后由后周收回）的旧地。宋朝难以固守澶州等地，不如派使者来议和吧！"

这封信的意思是非常露骨的：你宋朝横竖守不住澶州，干脆放弃，送给我契丹算了。但在事实上，契丹奴隶主贵族想攻下瀛州，却也不是一件容易的事！契丹贵族骑兵主力进攻澶州时，虽然萧太后亲自击鼓助战，箭射到城墙上，密集得像刺猬背上的刺一样，但是守将率领全城军民顽强抵抗，毫不气馁。当无数契丹兵用盾牌掩护着往城上爬时，他们又把垒石巨木直朝下掷。战斗持续了十几个白天黑夜，契丹贵族骑兵死了三万多人，受伤的还要多一些，倒底不能攻下澶州，只得悻悻地退兵。

与此差不多同时，契丹奴隶主贵族军队进攻保州、岢岚、威虏军、北平寨等州城，也受到了宋朝爱国军民的沉重打击。

宋朝军民挫败了契丹奴隶主贵族的凶锋，可是宋真宗却依然暗中打算着议和。他以为澶州既已守住，量契丹贵族不会再通过议和硬要索取关南旧地，就派遣一个名叫曹利用的小官为使者，前往契丹军营，试探议和的条件。

契丹统治者摸准了宋真宗怯懦的心理，为了造成威逼形势，同时又因为攻打城市一再失利，于是改变战略，不再攻打那些防御坚强的州府，而是乘空隙往西南方行进。不久，契丹大队骑兵便迫临澶州城下。

这时，宋真宗还只走到韦城（今河南省滑县东南）。契丹

奴隶主贵族军队日益逼近的急报，像雪片似的飞来。一些随从的大臣，越想越害怕，纷纷劝阻皇帝不要再往前走；有的趁着寇准正在处理军情公务，还怂恿宋真宗赶快到南方去，到金陵去，抵抗契丹的大事，就交给那个主战最起劲的宰相寇准一个人去办好了。

宋真宗没了主心骨，就叫内侍去召请寇准，同他商议。

寇准听说皇帝召请，料想有什么急事，放下公务，转身就来到了宋真宗暂住的行宫。他还没跨进门槛，就听到屋内传出声音说："真弄不明白，他到底要把陛下弄到哪儿去！陛下一国之主，万金之躯，岂能轻易上前方冒险！"

"陛下就是不到金陵，至少也应当立即返回京城……"

寇准再也听不下去，猛地一步跨进屋内，愤怒的目光把宋真宗和他周围的大臣狠狠扫视了一通。

那些大臣怎么也没有想到寇准会这么快就来到，而且显然已给他听到了劝阻皇帝去澶州的话，尴尬极了，有的抬眼瞪着天花板，有的低头瞅着青砖地，一声也不吭。

寇准不屑与左右大臣辩论，只管对宋真宗说："大臣们怯懦无知，说出话来就跟乡巴佬似的，陛下千万不能听信！"

宋真宗瞧大臣们给寇准骂得抬不起头，赶紧讪讪地庇护说："他们也不过是为朕的安全着想！"

寇准冷眼环视了左右一遍，毫无顾忌地铮铮直言说："不，这并不是真正替陛下着想！今契丹骑兵迫近，人心恐惧，陛下只可以前进一尺，绝不能后退一寸！尤其是河北各路军队，日夜盼望着圣驾。陛下一到那里，士气将会增长百倍；如果后退数步，则万众瓦解。到那时，敌军乘胜南下，就是金陵也不可能保住啊!"

宋真宗想了想,寇准的话不能说没有道理,但是契丹军队既然已经迫近澶州,自己再往那里去,也未免太危险了。他一时拿不定主意,含糊其辞地说:"这件事容朕再仔细想想吧。"

军情如此紧迫,皇帝竟还要"再仔细想想"!寇准忍不住又要冒火。可是他转念一想,在这间屋子里,真正主战的就自己一个人,说也没有太大用处,于是一扭身,打算出去找主战派同僚来一起奏请。巧得很,他才走了几步,迎面瞧见殿前都指挥使(统领禁卫军的武官)高琼来了。

高琼是宋太祖、宋太宗时的勇将,也是主张抗击契丹的大臣。寇准遇到了高琼,存心激他一激,问:"太尉身受国家厚恩,今天准备怎么报答?"

高琼一向尊敬寇准,立即回答:"我高琼是一介武夫,说不出长篇道理,只知立誓以死报国!"

"好!"寇准十分欣慰赞赏,上前握住高琼的手说,"我与你一起入奏天子,即日渡河杀敌!"

说着,寇准携着高琼的手,又回身来到宋真宗面前说:"陛下如果以为我是文臣,刚才说的话不可凭信,不妨问问高琼,他是武将,又负着保驾的责任。"

寇准说到这里,突然想到,方才太性急了,没有把大臣们怎么说的,自己又是怎么想的,事先告诉高琼,这会儿叫他怎么说好?于是,寇准把自己刚刚对未真宗说过的主张,包括反对皇帝逃往金陵的意见,又慷慨激昂地申述了一遍。

高琼明白了一切,不等皇帝发问,肯定地说:"寇相的话是对的。而且,不仅河北诸军翘首盼望圣驾,就是臣所统领的

随驾将士，也因为父母妻子都在京城，必不肯丢下亲人而到南方去，只怕还没有走到金陵，就都跑光了！"

宋真宗一听，这可不得了，保驾将士要是真的跑光，自己当然连金陵都走不到，就会结尾追的契丹骑兵抓去。但是，金陵不去，那就回京城好了，总比去澶州安全。

"那么，朕就返回京城吧。"他对高琼说。

"也不行！"高琼瞧了寇准一眼，答道，"陛下如果返回京城，同样大势将去！如今只有圣驾速往澶州，鼓舞军心士气；将士们振奋精神，英勇杀敌，则契丹不难破灭！"

寇准连连点头，对高琼的话表示赞同，并且再次鼓动说："机不可失，请陛下立刻出发！"

宋真宗再没什么可推托的了，第二天早晨，即离开韦城，往澶州而去。

3. 振威退敌

宋真宗为着去澶州的事，畏首畏尾，踯躅不前，而这时守卫在战斗第一线的宋军将士，却怀着满腔爱国热忱，英勇地打击敌人。他们取得了多次胜利，其中最使契丹奴隶主贵族感到丧气的是：契丹奴隶主统治集团的主将萧达凛，在攻打澶州的战斗中，被宋将用床子弩（一种机械弓，小型的要五六人合力张开，大型的要几十人甚至上百人才能张开）射死了。

萧达凛被射死后的第五天，心虚胆怯的宋真宗，总算到了澶州。

北宋时黄河的河道跟现在有所不同，是流经澶州的。澶州全城被黄河分隔成两部分，北城在黄河北岸，南城在黄河南岸。宋真宗车驾先到南城，遥望黄河北岸，契丹军营累累，星罗棋布，不禁又惊慌起来，不想到北城去了。他对寇准、高琼还拐了个弯儿，说打算先在南城驻下，看看形势，再决定要不要过黄河进入北城。

寇准好不容易把皇帝请到了澶州，而宋真宗竟不肯到宋军将士拒敌扼守的北城去；宋朝与契丹奴隶主贵族战守的形势如此明白，而皇帝却贪生怕死，借口还要看看形势再决定行止！寇准绝不肯让皇帝退后，一步抢到他面前，说："陛下如果不过河，则军心不振，胜负难决！"

宋真宗望望黄河对岸，嗫嚅着说："北城离放军实在太近，朕，朕——"

寇准想，皇帝如此胆怯，光激不解决问题，还是要给他打气，便说："眼下的战争形势，对于契丹军大大不利。我驻屯定州的大军已扼住了他们的咽喉，澶州左右的大军正缚牢了契丹军队的双臂。此外，还有从各地调来的增援部队，这几天也快到了。陛下又怎么能疑而不往！"

站在寇准一边的高琼，原是一个大字不识的武将，他不像寇准那么善于分析说理，只管粗声大气地催促说："陛下何必惊惧，有臣保驾，绝无可虑！"

宋真宗边上的一个主和派的大臣，不敢直接反对寇准，却借着高琼使气，呵斥说："你怎么能对圣上如此鲁莽无礼！"

寇准当然明白这话是冲着自己来的，正要驳他，高琼已指着那个大臣，怒气冲冲地骂道："你不过是因为会写几句狗屁文章才当上大官的。现在契丹骑兵充斥如此，你应当鼓励圣上出征决战，怎么倒指责我高琼鲁莽无礼！你有本事，何不写一

首诗把敌人吓退!"

高琼说完,不再正眼瞧他一瞧,径自把手一挥,召唤卫士把御辇推来,请皇帝登辇过河。

那个大臣气得满脸通红,寇准心里则叫好喝彩。

宋真宗瞧着这情势,心里再不情愿,也只好登上御辇,向北城行进。

御辇过黄河浮桥时,推辇的卫士恐怕皇帝回头怪罪,都迟迟疑疑地不肯再往前走。高琼心急火燎,两只大手各推着一名卫士的背脊,喝道:"为什么不快点走!事已至此,还有什么可迟疑的!"

禁卫军卫士都属于高琼统领,当然也不敢违抗自己顶头上司的命令,更怕高琼压在背上的手掌变成拳头,飞也似的把御辇推过了黄河浮桥。

宋真宗到了澶州北城,登上城楼,卫士把黄龙旗呼啦啦一展;宋军将士抬头望见了御盖,虽说谁也不知道皇帝是被寇准连催带推赶到澶州、逼上北城的,都感到欢欣鼓舞,一时"万岁"之声响彻云天,远远传到数十里外。

契丹官兵自从萧达凛被宋军射死后,人人气馁,得知宋朝皇帝亲自到澶州督阵,更加惶恐。只有萧太后不肯认输,派出数千骑兵冲到城下,有的挥舞手中刀枪,有的开弓往城上射箭,吓得宋真宗连忙缩回城墙后面。

寇准看准了这时契丹奴隶主贵族军队的士气大大不如宋军,对宋真宗说:"这是契丹军队来试探我方的强弱,请陛下立即命令将士们出击!"

宋真宗瞅了一眼城下的契丹骑兵,战战兢兢地回答:"军事上的事都交给你了，你就指挥下令吧！"

寇准要的就是皇帝说这句话，立即派出部队，迎头痛击契丹军，把数千名契丹骑兵斩杀了一大半，其余的仓皇逃命，奔回了本阵。

城下宋军将士与契丹奴隶主贵族骑兵拼杀的时候，宋真宗既不敢与寇准一起在城上督阵观战，又不便在战斗方酣未知胜负的情况下离开北城。他由几个大臣陪同着，瑟瑟缩缩地躲在城墙里边隐蔽的地方，等待战斗结果的消息。直到寇准来报告契丹骑兵已溃退，他才长长地吁了一口气。然后，宋真宗叫寇准留在北城主持军事大计，自己则回到了澶州南城。

4. 反对妥协

要是宋真宗真的把抗战大计全部都交给寇准，倒也好了，可是他心底里，始终那么畏惧敌人，想同契丹奴隶主贵族议订和约。

其实，这时的军事形势对契丹奴隶主统治者非常不利：主将萧达凛已被射死在澶州城下，派出骑兵攻城又给寇准指挥宋军杀得大败；加上孤军深入，粮饷不继，随时都有可能被宋军截断归路，遭到两面夹击。所以，萧太后等人认识到，同宋朝的战争不能再继续下去，只有诱使宋朝统治者议和，还有指望得到战场上没有捞到的好处。

十二月初，契丹奴隶主统治者派出使者韩杞，随同曹利用到澶州南城，讹诈宋真宗，提出了要宋朝将关南土地"归还"给契丹统治者的所谓议和条件。

宋真宗心里尽管想议和，盼议和，却也十分明白，如果答

应这样的条件，不但会遭到寇准等主战派的坚决反对，也将被全国百姓，甚至子孙后代唾骂。他于是对韩杞说："关南早已归属宋朝，不能给你们；要是由宋朝'岁给金帛'（每年送上一笔银两和绢匹给契丹），那倒是可以考虑的。"

韩杞一听，这宋朝皇帝真是个大傻瓜：军事形势对契丹统治者大大不利，是非常清楚的事实。明摆着占了劣势的契丹，向占尽优势的宋朝逼索土地，本来就是虚张声势，漫天讨价。而宋朝皇帝居然不利用优势制服契丹，却自己提出每年送上金帛的议和条件，天下哪来这样的好事！于是，他马上表示，回去就向萧太后报告请示，说完，拖着曹利用一同走了。

宋真宗企图用"岁给金帛"乞求议和的消息一经传开，主战派果然坚决反对。寇准第一个站出来，气愤地向宋真宗说："如今我朝军民抗击契丹的形势很好。陛下理应趁此机会，逼迫契丹将幽州等地归还宋朝，怎么反倒岁给金帛，向契丹乞求议和呢？"

宋真宗心虚理亏，胡诌说："朕当皇帝，总想让天下生民得到安定休息，尽量少打仗，不打仗。再说，眼下天气一天比一天寒冷，黄河一冰冻，契丹大队骑兵就可能过河南下，只怕到那时我们反而抵挡不住。"

"陛下这话就说得不对了！现在契丹军进退两难，士气沮丧；我军只要断其后路，全面出击，必能获得大胜。岂有给契丹骑兵过河南下之理！至于陛下想让天下生民得到安定休息，也须是长久的安定休息。如果放弃胜利与敌人议和而又岁给金帛，契丹将会更加轻视宋朝，只怕要不了几年、十几年、几十年，又将发兵进犯来了！"

宋真宗一心只想着议和，压根儿就不愿听取寇准的抗战主张。他觍着脸说："倘若同契丹决战，胜负究竟属于谁还难以预料；就算我朝得胜，也将会伤亡若干军民，我于心不忍，所以还是议和为好。至于几年、十几年、几十年之后，如果子孙英明，自然能抵御契丹，我就管不得那么多了！"

寇准绝对想不到，皇帝会说出这样厚颜无耻的话来，气得须发竖张，把脚一顿，转身就走。

"爱卿哪里去？"

"先追回韩杞再说！"

"爱卿，爱卿不要意气用事！"

宋真宗想要阻拦，寇准已经头也不回地跑了出去。

寇准虽说对宋真宗的无耻感到义愤填膺，怒不可遏，但是他不听皇帝阻止要去追回韩杞，倒并非什么意气用事，为的是挽回宋真宗错误的议和方案。然而，韩杞既然已经得着了宋朝皇帝"岁给金帛"的口头许诺，哪里还会滞留，此刻已急不可待地渡过黄河，拉着曹利用直奔契丹大营而去，寇准怎么也追不上了。

追不上契丹使者，寇准只好回过头来再同宋真宗争理。但就在这时，有人告诉他，为着他同皇帝争理的事，已经流言蜚语四起，说什么寇准要挟皇帝，犯了大不敬的罪，还说他竭力主张战争，是为自己捞取功劳、地位、荣誉……

寇准听了，不由得仰天长叹："一片忠心反遭诽谤，我还能说什么呢！"他只好守住北城，为保卫国土尽一点责任。

不几天，曹利用回来报告宋真宗，说萧太后起先态度强硬，非要"归还"关南土地不可，他好说歹说，最后总算使对方答应，以宋朝"岁给金帛"为条件，双方罢兵议和，所以请圣上给个数目，以便再去同契丹正式议订和约时，好心中有数。

萧太后故意态度强硬，不用说只是为了吓唬宋朝皇帝，好多索取些金帛。可是宋真宗听说曹利用已经使对方放弃了土地要求，居然喜不自胜，回答曹利用："你瞧着办吧，必不得已，就是给一百万也可以！"

曹利用听说数目那么大，暗暗伸了伸舌头，但是想到自己原是个小官，正好趁机为皇帝立一件功劳，又管他给多少呢！他立即向宋真宗告辞，再往契丹大营去周旋。

寇准正密切关注着议和的消息，他在北城候着必定要从这儿经过的曹利用，才一碰到，劈面就问："议和的事进行得怎么样了？"

曹利用不敢扯谎，把经过情形和宋真宗答应的数目，一一告知。

"一百万？"寇准吃了一惊，两军相争，优势的一方向劣势的一方提出议和，反而要每年送上一百万银两或绢匹，天下哪有这种怪事！

"不错，是一百万，皇上亲口对我说的。这可是圣旨啊！"

"圣旨"二字提醒了寇准。皇帝一个心眼儿屈辱乞和，做大臣的就是想反对也反对不了，况且还有种种可畏的人言，但是，自己身为宰相，眼前这个小小的曹利用还是管得着的。于是，他冷冷对曹利用说："虽然有皇上意旨，你去契丹交涉，答应岁给金帛，也不得超过三十万！"

"三十万？这与皇上给我的数目，相差不是太多了吗？"

"我可不管你相差多少，超过三十万，你别回来见我！"

"要是契丹不答应呢？"

"不答应才好哩！"寇准说的倒是心里话，不答应正好继续抗战，"哼，我干脆明白告诉你：要是岁给金帛超过三十万，我非杀了你的头不可！至于契丹那方面，如果仍然不知足，那就打好了！"

曹利用不敢与寇准抗辩，匆匆赶赴契丹军营。

起先，萧太后等人果然嫌三十万太少，不肯答应。威胁说："我大军南下，本来为的就是关南土地，现在宋朝不但寸土不肯让，连岁给金帛也那么少，那怎么行！"

曹利用想起寇准的叮嘱，断不敢超过三十万，于是说："我这回来此以前，寇相爷说过：'要是契丹嫌余帛少还不知足，那么，不但土地、金帛不可得，就是战争也不可避免！'"

萧太后等人惧怕的是主战最坚决的寇准，担心的是同宋朝的战争继续进行下去。听了这话，赶紧答应条件，和曹利用议订了盟约——由于澶州也叫澶渊郡，澶州西南又有一个湖泽叫澶渊，这次盟约就称为"澶渊之盟"。

澶渊之盟的要点是：宋朝和契丹双方境界维持战争以前的原状；宋朝皇帝（宋真宗）与契丹皇帝（萧太后之子辽圣宗）称兄道弟，宋真宗尊萧太后为叔母；宋朝每年向契丹奴隶主贵族送上银十万两、绢二十万匹；双方罢兵，在契丹军北撤时，宋军不得追袭。

从这几条内容也不难看出，这一场战争的胜利者是宋朝（契丹奴隶主贵族军队撤回本土），但屈辱者也是宋朝（岁给金帛三十万，当时一匹绢大约相当于一两银子）；失败者是契丹

奴隶主贵族（因为害怕宋军的追袭，所以在条约中特地限制宋军的追袭行动），但得利者也是契丹奴隶主贵族（从今以后，每年可以坐享三十万金帛的现成收入）。由此，"澶渊之盟"是什么性质的和约，也就可以清楚了。

曹利用回到澶州南城，急着报告和约情况，走到行宫门口，正赶上宋真宗在吃饭。宋真宗不便召对，就叫内侍去问曹利用，"岁给金帛"究竟答应了多少数目。

在和约正式签订之前，有关的内容是国家机密，而且还不知皇帝的态度究竟如何，曹利用当然不敢随便告诉内侍。他回答说："这是机密大事，应当面奏。"

宋真宗舍不得放下吃得正香的饭菜，又急于想听到岁给金帛的数目，再叫内侍去问，要他大略讲个数字。

曹利用还是不肯讲，末了，伸出三个指头，放在颊边。让内侍去猜。

内侍进去，说了曹利用做的手势，并猜测道："三指加颊，可不是三百万吗？"

"三百万！"宋真宗一听这么多，不由得失声喊道。但是他转念一想，说："要是从此边境马马虎虎求得太平，三百万就三百万吧！"

行宫不比正式皇宫，地方狭小，站在门口的曹利用，把宋真宗的话都偷听到了。等宋真宗吃完饭召他进去，他便装腔作势地说："臣有罪，罪该万死！"

"别什么罪不罪的了，你就说吧，岁给金帛，究竟多少？"

"臣实在有罪，答应的数目过多！"

"到底多少？"宋真宗心里痒痒，大声问道。

"三十万。"曹利用这才抖出了包袱底儿。

"才三十万!"宋真宗大喜过望,"爱卿功高如此,朕要厚加赏赐!"

确实,在宋真宗看来,只要每年花费三十万金帛,就可以买来北方边境的太平,这不是太便宜了吗?至于这十万两银子、二十万匹绢,当然是从老百姓头上搜刮得来,也即是给广大劳动人民增加了巨额负担,他就用不着去想了。

"澶渊之盟"本身并不值得称道,但是,如果当初照着妥协派的主张,宋真宗逃到金陵,逃到成都,宋朝不知要损失多少土地,沦陷多少百姓。而且,正是在这次战争中,契丹奴隶主贵族统治者领教到宋朝爱国军民是不可轻侮的,从那以后,再也不敢发动大规模的进犯。

寇准在这次战争中,激励军民士气,团结爱国将领,反对妥协逃跑,限制岁给金帛,起了重大的作用。可是,也正因为寇准得罪了那些妥协派的大臣,仅仅过了一年多一点,就遭到王钦若等人的排挤打击,被罢免了宰相职务。

从那以后,寇准大多流落在各地,担任些无足轻重的官职。

天圣元年(公元1023年)秋天,这位坚决反对向契丹奴隶主贵族妥协、主张抗战到底的爱国英雄,病逝在雷州(今广东省海康县)。他的灵柩运经公安(今湖北省公安县)时,当地百姓沿路祭奠。人们在路边竹林边上建了一个祠堂,称为"竹林寇公祠",寄托对寇准的怀念。

韩世忠抗金兵

1. 请守江防

当宗泽在世时，开封屹立于抗金斗争的前线，有力地捍卫着南宋的江淮地区，所以金朝统治者一直不敢贸然南犯。宗泽死后，宋高宗派去继任的杜充，与宗泽生前采取的方针策略完全背道而驰，他破坏了原有的抗金设施，失去了广大义兵和百姓的支持。因此，宗泽去世还不到半年时间，建炎三年（公元1129年）正月，大举南进的金军，就越过开封，渡过淮河，于二月初攻到了南宋的临时都城扬州。

宋高宗得报，不顾一切，逃命要紧，急急忙忙地爬上马背，带着御营都统制和五六名宦官，奔出了扬州南门。

皇帝一逃，扬州全城立时发生了大混乱。投降派大臣左丞相黄潜善和右丞相汪伯彦，刚在一个寺庙里听和尚讲究经文，回府吃饭，听说御驾已行，慌忙策马狂奔，向南逃跑。军民百姓对投降派恨之入骨，在长江边上偶尔遇到一个姓黄的大臣，还以为是黄潜善，指着他的鼻子痛斥道："误国害民，就是你这种东西！"说罢蜂拥而上，拳脚交加。竟将此人活活打死。

宋高宗等人先是渡过长江，逃到镇江（今江苏省镇江市），随即又逃往平江（今江苏省苏州市），最后一直逃到杭州（今浙江省杭州市），才坐下来松了一口气。

宋高宗之所以能松得一口气，是因为金军占领扬州后，将全城焚掠一空，便回马北撤了。金军这次没有追过长江，原因是多方面的。比如，人马远行已经疲乏，掳掠的珍宝急于载走；天降大雨，道路泥泞，马步军行动不便；加上前有长江天堑，后有淮西义军，再追下去恐怕陷入困境等。宋高宗得知金军已经北撤，便以为是老天保佑，立即回到建康（今江苏省南京市），准备在那里建都。

但是，金朝统治者早已看清南宋小朝廷是何等地腐败无能，摸透宋高宗浑身上下没有一根稍微硬一点的骨头。所以，就在当年六月，完颜宗翰和完颜宗弼等金军统帅，再次率领大队人马汹汹南下。

宋高宗只要听说金军又要南下，两条腿就会不由自主地颤将起来。他竟恬不知耻地派使者送信给完颜宗翰，苦苦哀求说："自古以来身为一国之君而处于危亡境地的，不过就是守与逃两条路而已。今我欲守则无兵可守，欲逃则无地可逃。所以还望元帅哀怜而赦之。我宁愿削去皇帝称号，使天地之间只有大金皇帝一人至尊无上。既然我已经屈辱，又何必元帅劳师远征呢！"

这封信可以说卑躬屈节、厚颜无耻到了极点，可是金军并没有因此而表现出一丝一毫停止进攻的意思。宋高宗没有办法了，只得赶紧另作打算。

怎么打算呢？他压根儿就不准备坚守建康，却是召集大臣们计议，是经湖北逃到长沙（今湖南省长沙市）保险，还是从江东逃到临安（即杭州，于一个多月前升为临安府）太平。

这时，虽然黄潜善、江伯彦因受舆论弹劾，已被贬官放逐，可是执政的大臣，仍然大多数是主张投降的角色。一时这个说到长沙安全，那个讲到临安稳当，各说各的理由。至于皇

帝这么一跑，江、淮大片土地将拱手送给金人，千万百姓将遭到敌骑蹂躏，就没有人去关心去思虑了。

只有一员将领，在这皇帝急于逃跑、满朝人心惶惶的时刻，首先想到了江淮的土他和百姓。这位将领就是当时任御前左军都统制的韩世忠。

韩世忠身躯伟岸，目光炯炯，年轻时就参加抗击西夏的战争，斩关杀将，勇冠三军。自从金朝统治者犯宋，他发愤杀敌报国。在河北一带多次与金兵激战，屡建奇功。可惜在当年正月金军大肆入寇时，韩世忠扼守沭阳（今江苏省沭阳县），因敌众我寡，败于完颜宗翰亲自率领的金军主力。以后，他带着部下由海道南行，转战平江、秀州（今浙江省嘉兴县），到达了建康。

当宋高宗问了执政大臣们后，想再听听韩世忠的意见时，他便愤激地答道："国家已经失去了河北、山东等大片国土，如果再放弃江、淮，还有多少土地呢！"

"可是，"宋高宗吞吞吐吐地说，"金军今春曾经攻陷扬川，眼下兵马又将至长江；建康与扬州仅一水之隔，这建康城，是无论如何也守不住的。朕日前升杭州为临安府，就已经打算迁都往东。将军说要不放弃江、淮，实在难以办到啊！"

韩世忠知道皇帝非跑不可，就退一步请命说："陛下至少可以允许让微臣驻军镇江抵御敌人吧！"

"这倒可以。"宋高宗想到有韩世忠为他扼守江防，阻挡金军，哪有不答应的道理。过了几天，他就正式任命韩世忠为浙西制置使，率所部八千人马，扼守镇江府。镇江上下游的长江一线，也分派从开封逃回的杜充和大将刘光世等人防守。

宋高宗将扼守江防的军事匆匆安排停当后，就再也不管这时金军还远在河南、山东，便急急忙忙逃往临安去了。

十月下旬，金军一路逼近至黄州（今湖北省黄冈县北），乘小船和木筏渡江，用了三天时间；江东宣抚使刘光世只管饮酒宴乐，事后才发觉金人已过了长江。十一月中旬，另一路金军又抵达了建康上游一线；驻防建康的江淮宣抚使杜充闭门不出，部下统制官岳飞流泪请求出战，杜充就是不允许，那一路金军于是也渡过了长江。

金军来得凶猛，宋高宗逃得更快。西路金军在黄州过长江后才六天，他即从临安逃到越州（今浙江省绍兴市）。接着，又在不到一个月的时间里，从越州逃到明州（今浙江省宁波市），逃到定海（今浙江省镇海县），逃到昌国（今浙江省象山县），最后跳上一艘大船，从海路南逃。金军步步紧逼，直至乘船入海追赶了三百里，因为遇到大风，舟船被飓风打散，这才返回临安。

当金军从黄州等地分两路过江，宋高宗先陆路后海路仓皇逃命的时候，守卫着镇江的浙西制置使韩世忠，对刘光世和杜充等人的怯懦无能，非常愤恨。为了截断正在临安等地焚掠的金军的归路，为了造成对浙东敌人的夹击声势，他毅然率领所部八千人马东行，派前军驻守青龙镇（今上海市青浦县），中军驻守江湾（今上海市宝山县南），后军驻守海口（长江口），增造海舰，严阵以待。

这时，放纵部下人马在浙东各地大肆焚掠的金军统帅，是完颜宗弼。他搜括到了无数金银珍宝，多得用车马都载不完，正好探知韩世忠已经移驻到长江口一带，便打算乘虚走水路从

镇江撤军北回。

金军这一企图很快为韩世忠侦知。韩世忠不失时机地将部队带到秀州，并在建炎四年（公元 1130 年）正月十五日元宵佳节那天，命秀州百姓张灯结彩，迷惑金军。然后，他即亲率部下人马，全都乘坐战舰，溯江西上，抢在完颜宗弼前面，赶到了镇江。

2. 击鼓水战

完颜宗弼到了镇江，见江面上布满战船，中军旗舰高高竖着一面绣有"韩"字大帅旗，知道韩世忠已经在这里设防，不由得大吃一惊。他自料渡不过江去，就派人到韩世忠军中，大模大样地威吓说：此刻我军的兵力比你们多十倍还不止，况且还有大量援军在后面，去年秋冬连杜充和刘光世都没能挡住金军南渡长江，你韩世忠人马比他俩少得多，又怎么可能拦阻我完颜宗弼回师北上呢？

可是韩世忠毫不含糊，回答金使说："你回去告诉完颜宗弼，有我韩世忠在，他就别想过江！如果不服输，他明天就决战！"

金使回到本营一说，完颜宗弼当真答复：明天就明天，两军决一死战。

韩世忠的妻子梁红玉，是一位有胆魄而是武艺高超的巾帼英雄。她对丈夫说："我军将士备战多日，同仇敌忾，自然不会让完颜宗弼渡过长江。可是，眼下敌人的兵力不下十万，而我方人马只不过八千，交战之时，就是一以当十，恐怕也难以取胜啊。"

韩世忠点点头，说："所以，我已经设下一计，指望今晚先能成功。"

"将军打算用什么计，能不能与我说说？"

"那当然行。"韩世忠指着江岸边一座山头说，"夫人请看，这山上不是有座龙王庙么？我料定完颜宗弼今晚必然登山俯望，窥我虚实。只要我预先在庙内庙外埋伏将士，把完颜宗弼一举擒获，则明日江上决战，定可大获全胜！"

"将军怎么知道完颜宗弼今晚必登龙王庙？"

"哈哈哈，我激完颜宗弼明天决战，就是量他初来乍到，地形不熟，决战前夜必上高山观察形势。环顾附近山头，只有这座山上的龙王庙，可以藏身俯窥，所以我料他十有八九是上龙王庙去的哩！"

"好计，好计！"梁红玉鼓掌大笑了一阵，转而又问，"完颜宗弼来与不来，能不能把他擒到，这且不论。就是双方交战，因为敌众我寡，也要想办法设个妙计才能战胜敌人。不瞒将军，我倒已经想好了一条计策。"

"哦？"这回轮到韩世忠问了，"夫人打算用什么妙计，能不能与我说说？"

"那当然可以。"梁红玉指着江面南边的敌船说，"将军请看，金军船虽多，却不及我战舰既高且大；兵虽众，却不及我将士熟识水性。明日决战，可以把中军旗舰交给我守御，将军只管领着两队精兵，四面截杀。但看我中军旗鼓为号，敌往东，则向东，敌往西，则向西，管保杀得那完颜宗弼晕头转向，走投无路！"

"好计！好计！"韩世忠也鼓掌大笑，然后又问，"只是，

夫人又怎么将完颜宗弼的行动看得清认得准呢?"

"那好办,"梁红玉指了指中军旗舰几丈高的楼橹,"我就坐在那上面,只要完颜宗弼在江面上,必定逃不过我的眼睛。将军只要看我的旗号,听我的鼓令,在江上往来截杀便是。"

韩世忠打心底里佩服梁红玉,却故意皱着浓眉直摇头:"这条计策好是好,可也有一大不妥。"

"怎么不妥?"

"照此行计,中军元帅岂不是由夫人你来做,为夫我反而成了你的部下先锋么?"

"哪有什么不可以的!"梁红玉故意把眼一瞪,"你要不乐意,就守着楼橹,让我当先锋领着精兵截杀完颜宗弼!"

"哪,哪——"韩世忠语塞,故意躬身作揖,"末将敬听夫人号令就是了!"

梁红玉扑哧一笑,指着徐徐西沉的红日说:"你瞧,时间不早,还是快快安排今晚的妙计吧!"

韩世忠当即召来偏将苏德,对他说:"今天晚上完颜宗弼必上那座山头,入龙王庙窥探形势。你带领二百健卒,埋伏在庙中;另外在庙下岸边,也安置二百伏兵。我坐在中军旗舰楼橹上面,观察动静,发现金将登上山头,立即击鼓为号。岸边伏兵先上,庙中伏兵继出,两路齐进,将完颜宗弼擒来!"

苏德听说是擒拿金军统帅完颜宗弼,不由得摩拳擦掌,浑身是劲,天不黑,他就带着四百健卒,悄悄出发。

那天正是农历三月半,月色明亮,映照着万里澄江,闪烁出粼粼银光。韩世忠亲自登上旗舰的楼橹,目不转睛地注视着龙王庙那个山头。

当一轮明月冉冉升至中天时，果真有几员敌将登山。韩世忠等他们爬上了半山腰，"咚咚咚咚"擂起了战鼓。

夜深江空静，鼓声应山响。双方将士如何惊奇如何猜测且不去说，那埋伏在龙王庙里的苏德，守了半夜，多半是神经绷得太紧了，听到鼓声骤响，霍然大喜，竟忘了韩世忠关照的"岸兵先上，伏兵继出"的命令，持刀一跃而起，带领二百健卒，呼啸着撞出庙门，朝那五骑敌将扑杀过去。

五骑敌将还没有登上山头，突然听到江面上鼓声骤起，不禁大惊失色，正在惶恐莫知所以的当儿，又见龙王庙里一群宋兵杀出，慌忙把胯下的坐骑猛抽一鞭，朝山下夺路奔逃。

这时，岸边二百健卒，虽然也是一听到鼓声就冲出，却没有能比庙中伏兵早一步行动，不及兜头拦截敌将，只好和苏德等人合做一路，在金将后面急急追赶。

四百宋兵猛追，五名金将穷逃。论马步是金将快速，走山路却是步卒轻捷。不一会，五骑敌将中有两骑被宋兵擒获。其余三骑飞马窜逃，其中有一名穿红袍骑白马的金将，因地形不熟奔得太急，马失前蹄跌倒，又奋然腾起，终于逃脱。

韩世忠在旗舰楼橹上瞧得分明，脱口喊道："好马！好一匹白马！"他平时听说金军有一匹宝马，名叫照夜白玉狮，大概就是它了。可他转而一想，这穿红袍的金将，会不会就是完颜宗弼本人？要真是他，那，岂不太可惜了！

不一会，苏德将擒获的两名金将押来，一问，那匹白马果然是照夜白玉狮，而骑在它背上的穿红袍的金将，也果然是完颜宗弼！韩世忠叹惜不已。苏德连连请罪，但是事情既然已不可挽回，苏德又不是有意纵敌，韩世忠想想自己的命令也不够

明确的地方，只讲"先上""继出"，却没有说明相隔的时间或号令的差异，所以仅仅责备了他几句，也就算了。

天明以后，昨夜侥幸逃脱的完颜宗弼，领着部下出战。他遥望宋军旗舰，只见楼橹上站着一员女将，头戴雉尾冠，身裹金锁甲，也不知是何等人物，心中不免惊疑。转而一想，不管好歹，先杀将过去再说，便传令进攻，专从宋军舰队中军杀入。

正当金军各船遵照命令，向宋军旗舰集中攻击的当儿，站在旗舰楼橹上的那员女将，突然擂响了战鼓。随着咚咚的鼓声，宋军战船上万道强弩齐发，射出了如蝗似的飞箭；又有轰天大炮，接连怒吼，把数十数百斤重的巨石，劈头盖脸地砸将过去。金军挨着，不是毙人，就是碎船。完颜宗弼气急败坏，慌忙下令东撤，已经有几十艘船被打沉，上千士兵丧了命。

可是，完颜宗弼乘船折向东行，还没有走出半里水路，就又听到鼓声大震，来军一彪水师，堵住了中流。为首一员战将，正是威风凛凛的韩世忠！

完颜宗弼不敢与韩世忠接战，赶紧分派几艘战船，上前敌住，自己则侧帆转舵，从西路逃跑。可他到了西边，宋军旗舰楼橹上，又擂起了一阵急促的鼓声，紧接着韩世忠的战舰，再次出现在完颜宗弼面前。

要是完颜宗弼在岸上遇着韩世忠，还可以上前拼死一战。但在这长江之上，两军水战，完颜宗弼怎么也不敢与韩世忠迎敌。一员金将仗着骁勇，跃上船头，与韩世忠对仗，才一回合，就给捅入江中。完颜宗弼急呼水手捞取，可那边宋军水兵，已扑通扑通跳下水，踩着水半浮在江面上，把那员金将连头带脚扛住，一声吆喝，抛到了船上。

完颜宗弼见了这副光景，暗暗叫苦，连忙将各船收拢，仓皇逃命。韩世忠追杀数里，听到中军鼓声停息，这才从容收兵。

韩世忠杀退了金军，回到中军旗舰，见梁红玉刚从楼橹上下来，十分感动，一步跨上前，握手慰劳她说："夫人击鼓传令，辛苦辛苦！"

梁红玉笑着摇摇头，回答说："都是为了国家，有什么辛苦！只是今天没有擒住完颜宗弼，将军还要小心守卫江防才是！"

"那个当然！"韩世忠连连点头。

他夫妇俩正说着互相勉励的话儿，从江南岸摇来一艘小船，船上的人大喊："我是完颜宗弼元帅派来的使者，要与韩元帅说话！"

韩世忠踏上船头，答道："我就是。看来完颜宗弼是打发你来投降的吧！"

"不——"金使打着手势说，"我家元帅说，愿将这次南下得到的所有的战利品，统统献上，只求韩元帅放开一条生路，让我们渡过大江北回！"

韩世忠气愤地对梁红玉说："什么战利品，还不都是掳掠我朝廷百姓的珍宝财物！"

他随即回答金使："你回去告诉完颜宗弼，要过大江，除非投降！"

金使照着完颜宗弼先前的关照，又加码说："我家元帅还说，只要韩元帅肯放行，他将献上名马数匹，就是我家元帅最

心爱的坐骑照夜白玉狮，甚至还有一匹俺金朝皇帝赐给我家元帅的御马四蹄点雪火龙驹，也可以奉送给韩元帅！"

"呸！"韩世忠大怒，"我奉朝廷之命守此大江，上为国家，下为百姓，岂能为敌人所买！你再噜苏，看我宝剑锋利不锋利！"

金使见韩世忠动怒，连呼"不敢，不敢"，叫水手快快摇着小船，回去复命。

完颜宗弼碰到韩世忠这样的硬汉子，只好自认晦气。当天夜里，他又心生一计，传令各船悄悄解缆起锚，乘着东风，溯江西进，打算从镇江西面，航行到先前南下时过江的建康等地，渡往北岸。

可是韩世忠和他部下将士十分警惕，江南面金军的船只才一行动，江北面宋军的舰队就紧紧跟上。金军沿南岸，宋军沿北岸，两支舰队夹江相对，一直向上游驶去。

黎明时分，完颜宗弼发觉不对头：宽阔的长江怎么狭了起来，四面八方而且有无数的芦苇丛。他派小船出去，抓着两个早出打鱼的渔民，问清这地方叫黄天荡，是长江南侧的一条断头港，只有进路，没有出路。完颜宗弼叫声"不好"，急忙传令从原路退出，可是已经晚了，韩世忠的战舰已将荡口严严实实地封住！

3. 困敌长江

金军战船被围困在黄天荡，前后左右层层芦苇秆，东南西北处处烂泥滩。完颜宗弼叫天天不应，呼地地不答，一次又一次试图冲破荡口宋军的封锁，一次又一次船沉人亡不得不退回。

完颜宗弼没有法子，只好坐上小船，划到荡口，向宋军巡哨士兵要求，与韩元帅韩世忠直接对话。

一会儿，宋军旗舰平平稳稳驶到前面。舰首放着一张长桌，几员将领举杯谈笑；中间那位风骨铮铮，身躯伟岸，目光闪闪，正手执盛酒的金瓶，传斟着酒与众将欢饮的，便是韩元帅。

完颜宗弼见韩世忠从容倜傥，更加神色沮丧，跑到船头，毕恭毕敬地行了个大礼，低声下气地恳求说："宗弼久仰韩元帅大名，如今亲身领教，甘拜下风，还望韩元帅宽大为怀，放开一条生路，让俺等北归，日后必不敢忘韩元帅大恩大德！"

韩世忠冷笑一声，把金瓶一放，回答说："你要北回不难，但必须送回掳去的两宫（宋徽宗、宋钦宗），归还我大宋的疆土！只有如此，我才能放开一条生路，让你逃命！"

完颜宗弼听说如此条件，无话可说，只得吩咐小船转舵，仍然回返黄天荡中。

三四十天挨了过去，金军逃出黄天荡毫无指望，而带的粮食已经所剩无几。完颜宗弼穷急无路，打发一些军士，手捧黄金，寻找当地人指示出荡的途径。可恨世上也有为贪图财宝情愿给祖宗抹黑、被后世唾骂的小人，竟向完颜宗弼献计：黄天荡往北十余里，有老鹳河故道，因年久淤塞，如果派兵开掘，便可以接通长江，居于宋军的上流。

完颜宗弼绝处逢生，大喜过望，当夜便命士兵挖凿渠道。那些士兵也都是要性命的，狠狠掘了一夜，竟将老鹳河故道打通。金军迅即乘风西行，未至中午，船队已经快到建康了！

韩世忠发觉金军逃遁，大吃一惊，立即命令各舰全速追赶。毕竟海船桅高帆阔，乘风破浪疾驶，竟在建康江面，将敌船追上。

完颜宗弼原来是想在江北寻个登岸方便的地方，弃舟陆行的，想不到宋军这么快就追了过来，只得硬硬头皮，上前迎战。但是金军士兵久困乏力，战无斗志，终究被宋军杀得大败。完颜宗弼垂头丧气地命各船仍靠南岸停泊。

第二天上午，长江北岸尘土飞扬，旌旗蔽日，开到了一支队伍。完颜宗弼得报，马上派军士爬上桅杆瞭望。这一望，则完颜宗弼壮胆不少。原来，那是从北方派来接应他过江的金军大队人马！

完颜宗弼自认为得着了援军，腰杆子硬了，又乘船往江中心，与韩世忠对话，说："韩元帅，如今俺援军已到江北，堵住了你的后路。你既已腹背受敌，还是快快放开一条路，让俺过江去的好。俺也不为难你，过江之后即行北撤。你看如何？"

韩世忠一心堵住完颜宗弼，别的都不管，回答说："我早跟你讲过，除非送回两宫，归还疆土，否则你休想过江！"

完颜宗弼想想无比气恼，自己有雄兵，前有援军，你韩世忠手下不过八千人马，干吗死做对头！他想到这里，话也到了嘴边："韩将军你也不要太逞能了！俺总要设法过江。他日整军前来，定当灭了你宋朝！'"

韩世忠大怒，抽出狼牙箭，拉开神臂弓，瞅准完颜宗弼，"嗖"的就是一箭。亏得完颜宗弼也是个有本事的，把头一侧，让过了那支箭。他见韩世忠还要再射，慌忙叫水手转舵，一边就躲进了船舱。

完颜宗弼回转本营后，指望着江北岸有接军接应，又欺宋军海船船大行动欠灵活，改变了战术，叫部下分乘小船过江。

全军官兵巴望过江好久，眼睛都出了火，很快乘了上百艘小船，往江北划去。

奇怪的是，完颜宗弼眼睁睁望着一艘艘小船，才驶过江心，就接二连三地船身倾覆。划出去上百艘，急急忙忙逃回来的，还不到三十艘。

"怎么回事？"完颜宗弼又惊诧，又恼火，问先逃回来的小船上的士兵。

"那，那韩世忠打造了好多长、长铁链，前面都带钩儿的……"

"慢慢说，既然已逃了回来，还怕成这副样子！"

"是，是！那宋军水兵潜水在下面，冷不防从江心钻出，把铁钩钩住俺们小船。俺船上的弟兄，砍又砍不断，挣又挣不脱。铁链的那一头系在他海船上，一拖，就是一条小船翻了个儿……"

"知道了！"完颜宗弼气得七窍冒火，不让士兵再说下去，"滚！滚！"

尽管完颜宗弼瞪着韩世忠的战舰咬牙切齿，可也实在没有半点过江的法子。计穷智竭之余，他想起了逃出黄天荡那回事，便叫人四处张榜，以重金征求过江之计。这回，又是一个贪财好利叛国资敌的家伙，向完颜宗弼献计：在船舱底下填些泥土，上铺木板，使船平稳；船边开洞，伸出木桨，令士兵划动。然后，选一个无风的日子过江，因为宋军的海船大，靠风才能疾驶。最后，两军交战，须用火攻……

完颜宗弼喜出望外，重重赏了那人，命令士兵连夜赶造火箭，只等天晴无风，就渡长江。

四月末的一天，长江风平浪静，完颜宗弼趁机领船出江。金军士兵拼命划动木桨，一时船行如飞。宋军海船无风行动缓慢，难以阻截；有的虽说赶上，却被火箭射中，篷帆立刻起火，真是防不胜防，救不胜救。全军乘势追杀，打败宋军，随即便渡过长江，由岸上那支金兵接应，匆匆逃回了北方。

韩世忠见完颜宗弼已过江北撤，不由得仰天长叹。然而，他扼守长江防线历时数月，毕竟给了全军以沉重打击，严厉教训了金朝统治者。从此以后，金军虽说多次南犯，却永远也不敢再过长江了！

4．计诱金军

绍兴四年（公元 1134 年）秋，金军会合由他们扶植的傀儡政权伪齐的兵马，渡过淮河，汹汹南下。

宋高宗准备在临安建都，只求半壁江山太平，最怕金军渡过长江，于是命这时任淮东宣抚使的韩世忠：再次驻守镇江一线，堵住敌军。

韩世忠接到命令后，迅速率领部下兵马，进驻扬州前线。他为了表示有进无退的决心，激励部下将士奋勇杀敌，下令伐木，在军营南面构筑栏栅，阻断自己后路。将士们懂得元帅的用意，也都同仇敌忾，誓与金军决一死战。

就在韩世忠扎营扬州后七八天光景，有两个宋高宗派往金营的使臣，一个叫魏良臣，一个叫王绘，路过扬州东门外。韩世忠探知消息，派一员部将迎住，邀请他们进城小叙。两人不便推辞，就跟着进了城。

韩世忠同他们略加寒暄后，摆开酒宴，举杯问道："二位这次奉命出使，不知临行时皇上有何嘱咐？"

魏良臣正想炫耀自己如何受到皇帝信任，当即回答："皇上特地关照：'这次你们出使，不要与金人争执言词，话尽管拣好的说；至于岁币、岁贡之类，用不着斤斤计较……'"

韩世忠一听，不由得义愤填膺，正准备痛骂时，但是他猛然间计上心来，若有所悟似的同魏良臣说："怪不得朝廷下令要我率军退守镇江，原来已经派了二位同金人议和！"

"哦，韩元帅要退守镇江？"魏良臣心里嘀咕：怎么我们刚从朝廷出来，却一点也不知道这件事？

"君命如山，至迟明天就要开拔呢！"韩世忠说得真像有这么一回事。

"韩元帅把这么重要的军事机密告诉我俩，真是快人快语！"王绘说着，一口干完了杯中的酒。

"难道我对二位还信不过吗？往后还指望二位在皇上面前替我多美言几句哩！"

"好说，好说！"

"当然，当然！"

魏良臣、王绘知道韩世忠为人憨直，对他说的话深信不疑。而就在三人举杯欢饮的时候，当真接连有令牌传到，两个使臣越加信以为真了。

当日天色已晚，魏良臣、王绘在韩世忠军中住宿了一夜，听到的尽是军士们议论镇江鱼蟹味道怎么鲜美，江边风景何等壮丽的话题。次日一早，他们看见宋军果然集合于东门，一副归心归箭的模样，便向韩世忠辞别。然后他们出扬州北门，前往驻在天长（今安徽省天长县）的金军大营去了。

韩世忠见魏良臣、王绘已走，奋然翻身上马，命令全军立刻开发，也从扬州北门出城。

"元帅准备往哪里去？"部队出了扬州，一位将领询问。

韩世忠生怕知道的人多了泄露机密，答道："你们先别问到哪里，只管看我马鞭所指，迅速前进！"

将领不敢多问，随着韩世忠马鞭的指向，急急行军。那马鞭指的，实际上就是金军大营的方向。

到了扬州与天长之间的大仪镇，韩世忠依据地形，随处设置埋伏，少的有百十人，多的达上千人，一共埋伏了二十多处，结成五阵。他向将领们下令：听到战鼓号令，一同出击，违令者斩！

这时，魏良臣和王绘已经到了天长。金军主将听说他们是来议和的，问："你家皇帝现在何处？"

"在杭州。"

"韩世忠在什么地方，率有兵马多少？"

魏良臣一心讨好金人，回答说："在扬州，我们来时他已经移军到镇江去了！"

"此话当真？莫不是你们用计骗我，然后派兵来袭击掩杀？"

"哪里会骗你！要是骗你，我们不是自己找死吗？再说，我们离扬州时，亲眼看见韩世忠人马出东门往镇江去的哩！"

"那韩世忠会不会骗你们？"

"不会，不会。他还要我们为他在皇上面前多多美言，要是设计掩袭将军，岂不是既违抗了君命又坑害了我们？"

金军主将想想也是，一边安排魏良臣、王绘北上黄河去见统帅，一边就亲自带着部队南进，准备抢占长江北岸。

从天长南下，大仪是必经之路。当金军渐渐进入宋军的埋伏阵后，韩世忠一声令下，霎时间战鼓大震，伏兵四出。金军主将见前后左右都是宋军旗号人马，几乎目眩神迷，无从指挥。突然，宋军一队健车，趁金军大乱，横冲而出，杀将过来。这是韩世忠的背嵬军（亲随部队），人人手持一柄长斧，勇不可当，上劈人胸，下砍马足，杀得金兵哭爹叫娘，死伤无数。许多金兵为了逃得性命，慌不择路四散逃窜，竟陷入泥淖之中，连人带马呜呼哀哉。金军主将眼看大势已去，狼狈溃逃。其中，一员铁骑将官在战斗中被韩世忠活捉。

接着，韩世忠又率军北进，追击敌人直到淮河边上。金军闻风惊溃，跌进淮河淹死的不计其数。

韩世忠连战连捷，打得金军元气大伤，伪齐军更是兵无斗志。不久，因天下大雪。金军粮道被阻，只得连夜北撤，伪齐军没了靠山，也丢弃辎重远逃。

次年（绍兴五年，公元 1135 年）春天，韩世忠又奉命驻守楚州（今江苏省淮安县），夫人梁红玉亲自编织草荐苇席，给将士们搭建营屋。从那以后，接连多年，韩世忠的部队不仅屡次打败进攻江淮地区的金军和伪齐军，还一度超过淮河，攻抵徐州东南。抗金名将岳飞与韩世忠志同道合，起先还以为韩世忠部队一定兵多将广，后来得知他部下人马仅有三万，却能长久坚守楚州，出击山东等地，给金军以沉重打击，因而对他更加佩服了。

　　但是，抗战派愈是奋勇激战痛击金军，投降派也愈是死心塌地求和卖国。绍兴十一年（公元1141年）春天，韩世忠和岳飞同时被罢免兵权。韩世忠仍然力主抗战，上疏斥责秦桧误国。当年十二月，秦桧置岳飞于死地，他又挺身而出，仗义执言责问秦桧。在南宋统治集团一心向敌人屈辱投降的情势下，韩世忠报国无杀敌之兵，捐躯无用武之地，终于在绍兴二十一年（公元1151年）郁郁去世，享年六十八岁。

于谦保卫北京

1. 土木之变

公元15世纪，中国北部蒙古族的鞑靼部和瓦剌部（前者称东蒙古，称后者西蒙古），曾多次进犯明朝。明英宗正统初，瓦剌部的首领也先在实际上成了蒙古族的最高统治者。也先仗着蒙古骑兵勇猛剽悍，时常骚扰明朝边境，抢夺粮食、金银和绸缎等物。明朝政府对付不了又贪又狠的瓦剌贵族，只好用"通贡"和"互市"的办法，让也先得到一点好处，来换取边境暂时的安宁。所谓"通贡"与"互市"，名义上是双方互利地做生意，实际上一方赔本一方赚，它的主要方式是：每年瓦剌把一定数量的马匹送到北京，明朝政府就用比一般马价贵得多的金、银、绸缎"买"下来，另外还要"赏"给送马的瓦剌使者大量的白银。

要是这办法能够处置得当，明朝政府固然可以得到一些所需要的马匹，边郡居民也可以马马虎虎过太平日子。但是，当时明朝的实权，都操纵在宦官王振的手里。王振通过其同党大同（今山西省大同市）监军郭敬，暗中与瓦剌走私舞弊，从中牟利。这一通敌行为，使瓦剌贵族的野心迅速膨胀。瓦剌借送马为名进京的使者人数越来越多。他们不但借此每年向明朝政府索取多达数十万两的赏银，而且到处乱窜乱抢，还私买弓箭偷运出境，刺探明朝的军事情报。由于王振庇护纵容，边塞将帅对于这种明目张胆危害明朝国防的行为，竟然不敢过问。

当时明朝防御瓦剌的北方边境，以大同和宣府（今河北省宣化县）两座要塞为重镇。这一带的长城有内外两道，大同和宣府都在外长城的里边，内长城的外边。瓦剌如果进犯山西，必先攻大同；如果由紫荆关进犯北京，必先攻宣府。大同监军郭敬既然与王振狼狈为奸，和瓦剌串通一气，明朝的边防就受到了很大的危害。这时任山西、河南巡抚（地方最高行政长官）的于谦，就注意到了这个问题。于谦向朝廷上奏，建议选派良将，扼守宣府、大同这两座重镇；并在那里增兵储粮，防备瓦剌进攻。但是，他的意见遭到了王振、郭敬的反对，这两个太监由此同于谦结下了怨仇。

于谦是浙江钱塘（今浙江省杭州市）人，少年时代就仰慕南宋爱国英烈岳飞和文天祥。他曾为文天祥的画像写过一篇赞词，说："呜呼文山（文天祥号文山），遭宋之季（宋末），殉国忘身，舍生取义，气吞寰宇，诚感天地……孤忠大节，万古修传，我瞻遗像，清风凛然。"后来，他又写了一首《石灰吟》，借着对石灰的赞颂，表述自己不惜牺牲生命为国家建立功业的志向：

千锤万击出深山，烈火焚烧若等闲。
粉身碎骨全不怕，要留清白在人间！

清白和污浊就像水和火一样不能相容，像冰和烧红的炭一样不能放在一起。于谦考中进士，做了官后，作风非常清廉，无论对哪个上司，从来不阿谀奉承。王振横行的日子里，凡进京的官员，至少得献上白银一百两，要不往后就会有麻烦，甚至惹祸。可是于谦却两袖清风进京，什么礼物都不送。有人劝他："你虽然不献金银宝物，不去攀求权贵，也应该带些地方土特产，比如线香、蘑菇、手帕之类，便中送点人情才好。"于谦笑了笑，口占一绝回答说：

手帕、蘑菇和线香，本资民用反为殃。
清风两袖朝天去，免得闾阎话短长！

百姓赞许于谦的清廉刚正，奸臣嫉恨于谦的倔强严峻。王振借故把他关进监狱，判了死刑。可是山西、河南的老百姓听到消息，纷纷赶到京城，上书呼吁，请求释放于谦。王振见群情愤激，众怒难犯，只好将已关押了三个月的于谦释放。

由于王振拒不采纳于谦提出的关于加强宣府、大同防务的意见，瓦剌对于明朝的觊觎变本加厉。正统十四年（公元1449年）春，也先派了两千名瓦剌使者，送一批次等马到北京，硬是要明朝政府照优等马的马价付给金、银、绸缎；还把使者的人数多报了一千，强横地讨取三千人的赏银。也先的目的，其实不止于求索马价、赏银，他蓄意已久侵犯明朝，暗中准备好了兵马，如果明朝政府不肯照他要的给，他就拿这件事作为借口，发兵进攻北京。

王振做事一向随心所欲，对文武百官也耍惯了威风。当礼部的官员把也先以次等马冒充优等马和两千人谎报成三千人这件事向他一汇报，他既不与对方据理力争，也没有料到也先的险恶用心，而是把面孔一板，只照两千人数发给赏银，并把马价扣去了五分之三。

瓦剌使者飞马奔回把事情一说，也先立刻行动。七月间，瓦剌兵分四路，南犯明朝。也先亲自率领瓦剌军主力，进犯大同要塞。镇守大同的参将战死，塞外城堡也纷纷失陷。明朝政府忙派四员将领，各率一万骑兵出击。结果四万骑兵全部战死，没有一人生还。

明军大败的急报传到北京，王振头皮发麻，手脚冰凉。他担心的倒不是国家的安危，而是自己的私利：因为他的老家蔚州（今河北蔚县）就在从大同到北京这段路上，且离大同不远，要是瓦剌军再往前一步，老家的房屋、财产可全都完了。

王振咬着牙想了一会，要阻止瓦剌军向前逼进，只有让皇帝御驾亲征。一旦皇帝亲自出马，京都一带所有的五十多万兵马当然得全部带上，哼，单凭明军人众炮多，也不难打败也先。打败了也先，既能保住蔚州老家的房屋、财产，又好捞到一个和皇帝一起指挥军队驱敌出境的美名，还可以让皇帝到自己家乡去转一转，替王家老祖宗风光风光。

王振主意既定，便一个劲儿怂恿明英宗亲征瓦剌。明英宗昏庸糊涂，而且畏惧王振，果然照办。出征命令首先下达到主管军事的兵部，可是兵部正副长官尚书和侍郎都不同意。反对最激烈的是当时任兵部侍郎的于谦。他认为明英宗完全没必要亲自上前方去冒那个险。吏部尚书等人也竭力劝皇帝不要听王振的话。但是明英宗哪里敢违拗王振，而且心里也抱着打败瓦剌好扬威中国、留芳青史的指望，他非要去不可，限令三天之内就要全军出动。

五十多万大军只用三天的时间准备，可以说仓促到了极点。军粮供给不足，王振叫大同附近的官员赶快运送本来是用作马料的豆子到军中，代替人吃的米麦；马草不足，王振要边境各地的农民都丢下庄稼活儿，去割青草急供军用。这家伙这么着急是有原因的：瓦剌军离他家乡太近了呀！

七月十六日，明英宗让他兄弟郕王和兵部侍郎于谦等人留守北京，自己和王振，以及兵部尚书等大臣，带着明军大队人马，闹哄哄地离开了北京。

十九日，部队过了内长城的居庸关。这五十万大军全是乱糟糟的，一天夜里，不知是谁不小心把鼓碰了一下，一弄出一点儿声响，顿时许多人以为是瓦剌来劫营，弄得全军慌乱异常。

过了宣府，又恰逢连日风雨，行军困难，人心更加惶恐；加上缺乏军粮，不少士兵倒毙在路边。

八月初一日，明军大队人马到了大同前线，也没有发现瓦剌军什么踪影。王振不愿意白跑一趟，仗着人众炮多，命令部队继续北进，寻找瓦剌军厮杀。好几个大臣跪着劝阻，他一意孤行，拒不听从。

第二天，明军跑得更远了。这时，镇守大同的监军郭敬送来了密报：瓦剌军来势非常凶猛，也先本来完全有力量占领大同，只是为了引诱明军深入敌境，这才暂时向后撤退的。

这个消息犹如当头霹雳，把王振吓昏了。他马上来个一百八十度向后转，下了一道命令："明天全军班师回京。"

明英宗是王振手里捏的面人儿，出来由他，回去随他，绝不敢讲半个"不"字。就这么，五十多万大军听凭王振的瞎指挥，掉过头就往回走。

撤退的明军经过王振一番折腾，八月初十日才到达宣府。

这时，也先率领瓦剌骑兵主力，突入外长城，追袭到了宣府。明军没有防备，匆忙应战，损失了三万多人马，其余部队于八月十三日黄昏败退到土木堡。

土木堡在怀来城（今河北省怀来县）西二十五里，是群山环抱中间的一片高地，并没有什么可以据守的堡垒。随军出征的兵部尚书等人觉得待在土木堡太危险，催请御驾趁天没有黑赶快进入怀来城。可是王振因为要等他的装运财产物资的车辆到来，不肯进城，而叫明英宗将大军全留在土木堡驻下。瓦剌军得知明军驻扎在土木堡，连夜追袭，次日黎明就赶到了土木堡，迅速利用地形将明军团团包围了起来。

土木堡地势高，明军掘地二丈多，不见一滴水。挨了两天，人人心头起火，嗓子冒烟。土木堡南边十五里外倒是有一条河，但是被瓦剌军控制着。明军士兵可望而不可即，更加渴得难受。

这时，追到土木堡的瓦剌军，实际上只是前锋部队，不过二万多名骑兵，而明军却有五十来万人马。也先看清了两军兵力悬殊的形势，估量自己部下骑兵对付不了兵马多几十倍的明军。为了寻求得胜的机会，他派人去见明英宗，假装愿意议和，故意放松了对土木堡的包围。

此时此刻，王振只要有水喝，别的统统不管。他见也先提出议和，也不忖忖有没有这个可能，便一边派人去瓦剌军营接洽和议，一边就下令移营到山下靠近河水的地方。

命令一下，明军人马争先恐后喝水，顷刻之间便乱了套儿。将士们向南行进还不到三四里路，瓦剌军就如潮水一般涌了过来，手挥着长刀猛砍猛杀，嘴里哇哇大叫："解甲投刀的可以不杀!"

明军虽说人众炮多,可是,由于王振既无能又专横,得力的将领都被排斥在指挥之外,五十万人马给敌人一冲,顿时落花流水,丢盔弃甲,四散奔逃,人踩马踏而死的不计其数。兵部尚书等官员也都在乱军中丧生。

明英宗瞧这情势,身子抖得好比秋风中的枯叶儿;王振平时作威作福,大难临头活像个白痴。近卫军保护明英宗突围,许多人身上中的箭跟刺猬一样,牺牲了不少,还是突不出去。近卫军将领只好把这个打摆子似的皇帝从马上掖到地下。护卫将军樊忠对于祸国殃民的大奸臣王振,早就切齿痛恨,事情到了这等地步,再也忍耐不住,举起手中的长锤,骂道:"我替天下杀此奸贼!"一锤把王振的脑袋砸得稀烂。樊忠随即冲向敌军,击杀几十名瓦剌兵,终于壮烈牺牲。

也先俘获了明英宗,夺到了二十多万匹骡马和无数衣甲、兵器。他一边放纵部下大肆抢掠,一边准备继续进军,直逼北京。

这一天是正统十四年(公元 1449 年)八月十六日,明英宗御驾亲征离开京城正好一个月。由于这场大混战发生在土木堡,史书上就称作"土木之变"。

2. 临危请命

"土木之变"的当天夜里,被也先关在军营里的明英宗,设法写了封信,派人送往怀来,转达北京,要求多拿些财宝来,把自己赎回去。

第二天半夜,明英宗写的求救信送到北京城皇宫里边。皇

太后和皇后没了主张，哭得昏天黑地。在她们眼里，头等大事就是赶快把皇帝赎回来。很快，太监押着八匹马，每匹马驮着两大箱装得满满实实的金银珍宝、绫罗绸缎，出居庸关，直达瓦剌军大营，去奉送给也先。这么做的结果是可想而知的：也先得着明朝皇帝这个高级俘房，怎么肯只给十六箱财物就换了走呢！

明朝政府起先还将"土木之变"的真相向北京市民隐瞒着。可是，从土木堡败退下来的许多伤员和败兵，渐渐在北京街头出现，并且传开了败局的种种情形。北京城里的一些财主和官僚们，纷纷带上贵重财物，逃出了北京，往南方去避难。在他们看来，时局不妙，保住性命家产最为要紧，至于国家事，管他呢！

朝廷里只有一些头脑比较清醒的大臣，认识到当时情势的危急。

从明军兵力说，明英宗出征时，带上的五十多万大军，是明军中央部队所有的精锐。这支部队在"土木之变"中已全军覆没。而留守北京的，只有不到十万的老弱残兵。这些老弱残兵平时又不训练打仗，装备差到极点，其中有盔甲穿的仅仅占到十分之一！

从军事形势说，瓦剌军只要稍稍向前一步，就可以攻入居庸关和紫荆关。居庸关是北京的咽喉，紫荆关是北京的后背。一旦居庸关和紫荆关失陷，北京等于给捣着后背而掐住咽喉，将危在旦夕之间！

更何况，北京是全国政治、军事的中心。万一北京失陷，就有可能亡国。保卫北京，也就是保卫全国。这个任务不但有燃眉之急，而且关系着天下的安危。

但是，有的大臣虽说看清了情势的危急，却没有正确的主张。八月十八日，皇太后命郕王代理朝政，召集大臣们商议大计。翰林侍讲徐珵就垂头丧气地提出："明朝的气数完了，只有赶快南迁，才能避免大难。"还有一些大臣拿不出任何办法，只有抱着痛哭。

正在皇室不知所措、群臣人心惶惶的时候，一个铜钟般洪亮的声音，打破了沉闷忧郁的空气："提议南迁的，应当立即斩首！"

大臣们定睛一瞧，原来是兵部侍郎于谦。他两道严厉的目光，正逼视着上个月已将老婆送到南方去避难的徐珵。

于谦接着朗声对郕王说："北京是天下的根本，一动摇大事就全完了！宋朝南渡以后终于灭亡，谁不知道这个教训？眼下最要紧的，是从各地调动军队，誓死守卫北京！"

于谦的主张得到了大部分爱国大臣的支持。由于抗战派占了优势，本来没有什么主见的皇太后和郕王，就升于谦为兵部尚书，把抗击瓦剌的责任，全部交给了他。

这是一副千斤重担，但是于谦毫不犹豫，毅然接受了不来。

于谦为了坚守北京，及时采取了一系列措施。他把华北一带能调动的部队和运粮的军士，尽量调到北京来，加强守卫京城的兵力；又把储存在北京东面通州的大批粮食，设法运到北京，作持久战争打算；还从浙江等地调动兵马，充实北京的守备力量，并催令主管兵器的部门，加紧赶造军器战车……

由于王振祸国殃民已非一日，加上"土木之变"他的罪责难逃，朝中许多大臣以及军民百姓，对这个死去的大奸贼和活着的余党恨之入骨。一天，王振余党宦官马顺，呵斥朝臣，激起了众怒。大臣们一阵拳打脚踢，当场把马顺打死。郕王见朝堂大乱，想躲到后宫去。于谦趁着这形势，拦住郕王说："王振是'土木之变'的罪魁祸首，不严惩不能平息民愤。殿下只要宣布王振罪状，查办王振余党，就能使朝野同仇敌忾，齐心协力抗击瓦剌！"郕王听了于谦的话，下令抄没了王振的家产，处死了王振的余党。从此以后，军民们就更加团结一致，誓志抗战了。

北京军民在于谦的调度领导下，大致作好了迎击瓦剌军的准备。而这时瓦剌军则正在大肆抢掠，正在继续进兵。

也先拥着明英宗这个活宝，去攻打宣府。他对城上大叫："你们的皇帝在此，还不赶快大开城门迎接！"说着把明英宗推到前面，要他喊话。古时候臣子遇见皇帝得马上跪下，更不敢拒之门外。但是，宣府的守将识破了也先的阴谋，怎么也不肯打开城门，并且仗剑坐镇城楼，对部下命令说："出城者斩！"这么一来，谁也不敢开城门了。

也先在宣府城下闹腾了两天，看看没有什么指望，只好离开，又用同样的法子去攻大同。大同的守将也没有开城门，但他出城去拜见了皇帝，最后听明英宗的话，拿出二万二千两白银送给也先。瓦剌军在大同城下纠缠了三天才撤走。

这两件事报到朝廷。于谦为了防备敌人继续利用明英宗耍花招，同时也为了安定全国和北京的人心，就与文武百官一起，拥立郕王做了皇帝，即明景帝。这样做在当时的形势下，不但完全正确，而且是十分必要的。

挟持着明英宗的也先，本来企图用苛刻的条件同明朝政府议和，趁机敲诈勒索一大笔金银财宝。可是于谦等人已经立了皇帝，他明白自己手中的这个奇货变得不稀罕了，于是率领着大队人马，以送还明英宗为借口，又一次大举进兵，声称要夺取北京，逼明景帝南迁，妄想像南宋时金人一样，占据中国的北半部。

十月初，瓦剌军攻下居庸关西南的白羊口，接着，又攻破紫荆关；这两个关口的明军守将，都在同敌人的激战中壮烈牺牲了。

瓦剌军得了两处要塞，随即兵分两路：也先亲率主力，越过紫荆关进攻北京；另一路瓦剌军攻打居庸关，然后到北京会师。

北京危急！

明朝危急！

3. 北京保卫战

那时候北京城共有九个城门，称为九门。于谦考虑到，如果将兵力全部放在城内防守，敌人四面围攻，很可能给攻破。所以，他预先调遣二十二万明军，在九门外布下了阵营，准备着主动给前来进犯的瓦剌军以迎头痛击。

但是，瓦剌军真的来了，一些官员又害怕起来。有的建议把九门外的民房全部拆除，老百姓都迁进城来，说得明白一点，就是放弃城外，只守城内。也有的主张在城外挖掘深壕，让明军守住深壕，挡住瓦剌军，实际上还是作消极防守。

有一个名叫石亨的将领，是从大同前线逃回来的，被关在狱中听候处分。于谦知道他熟悉军事，请求皇帝赦免他，并起用为总兵官。石亨这时也感到忧惧，公然提出：瓦剌大军来势凶猛，应当将九门外的明军全部撤回城内，坚壁清野，以避开也先的锋芒。

于谦坚决不同意撤军进城，说："为什么要在敌人面前示弱，使敌人更加轻视我们？"对于拆除城外民房和挖掘深壕阻敌，他也都表示反对。为了激励将士们克敌制胜的信心和勇气，于谦委派兵部侍郎代理主持部务，自己亲自率领一支部队，列阵于北京城北面的德胜门。预备抗击瓦列军主力，并下令："有盔甲的军士，不出战者一律斩首！"

当明军在北京城四周部署停当后，于谦又命令将北京九门全部关闭，表示不战胜敌人誓不回城的决心。他还传令："临阵交战，将领失职而逃跑的，斩将领！部队不服从将领指挥而逃跑的，后队军士斩前队军士！"命令一下，军容整训，再也没人敢说撤军进城，明军的士气也大大提高。

北京城九门全部关闭后，于谦身披盔甲，跃马来到队伍前面，大声号召将士们："瓦剌军侵占了我朝大片土地，掳走我们的同胞兄弟姐妹，这是我大明朝军人的耻辱！眼下瓦剌大军又来进犯我京都。将士们，报仇雪耻的时刻到了……"

于谦说着说着，泪水涌出眼眶，流到了脸颊上。将士们受到感动，一个个心头燃烧着怒火，矢志同瓦剌军决一死战。

十月十一日。瓦剌军兵临北京城下。由于明英宗被俘时，他的亲信太监喜宁卖身投靠了瓦剌，将明朝的虚实和盘托出，因此，也先知道明军精锐部队已在土木堡一战中被消灭，北京城内没有多少兵力。他把大营驻扎在西直门外，骄横地扬言说，至多三五天，就能把北京城拿下来。

于谦见也先兵势凶猛，决定先发制人，煞煞敌人的威风。他派两员将领率军出击，进攻瓦剌军的前锋阵营。明军在于谦的鼓舞激励下，士气大振，一战获胜，斩杀敌兵几百人，并活捉了一员敌将。当天夜里，于谦又派出一支轻骑兵，袭击瓦剌军营，也给了敌人以很大困扰。

瓦剌军接连吃了两个亏，兵力损失虽然说不大，那股骄横的气焰可减弱了许多。也先发觉明军不但有所准备，而且作战勇猛，他决定还是利用手中掌握的那件"活宝"——明英宗，就派使者进城，说是愿意送还明朝皇帝，要明朝政府派负责的大臣出城接洽。

于谦看透也先在玩弄诡计，很可能是企图扣留人质要挟明朝投降。明景帝心中惶惑，也不同意派大臣赴瓦剌军营，只叫礼部侍郎和另一名官员出城去拜见明英宗。

第二天，两名官员来到刀枪林立、寒光闪闪的瓦剌军营。也先果然大耍花招，一会儿嫌来的两位官员职位太低，要于谦亲自来谈判；一会儿又提出得送给他们多少金、银、绸缎，才能把英宗放回。也先等人狮子大开口，单是敲诈勒索白银，数字就要以万万两来计算。

明景帝畏惧瓦剌军，又不相信军民抵抗的力量，他听两个官员转告了也先提出的条件，有点动心。可是于谦认为，瓦剌军狠如狼，贪如虎，这回得了金银，就算撤军退兵，下回还会再来进犯；只有严厉惩罚教训瓦剌统治者，把敌人彻底打败，赶出境外，才可以换来真正的安宁。他向明景帝表示，绝不能以奉献财物来同瓦剌军"议和"，然后严正拒绝了也先提出的

"条件"。

也先敲诈勒索不成，更加疯狂。第二天，他亲自率领主力进攻德胜门外明军大营。

这一天是十月十三日，天气寒冷，时而风急雨狂，时而电闪雷鸣。于谦沉着镇静，派石亨带领一支精兵，埋伏在城外空着的民房里，吩咐他们听到炮声，立即杀出。然后，他命令一小队骑兵，前去冲击瓦剌军阵地，对他们关照说："接战之后，假装败退，引瓦剌军大队人马追来，就算立了一功。"

明军骑兵得令，疾驰瓦剌军营，乘对方不备，杀死了几个士兵，接着拨转马头往回就走。也先当然不肯吃亏，仗着人多马快，哇啦哇啦地叫他的兄弟孛罗，带领部下精锐骑兵，出阵追杀明军。

孛罗号称"铁颈元帅"，是瓦剌军的一员勇将。他大喊一声，带头冲杀过去，一下子打得明军骑兵大"败"而回。这家伙趾高气扬，把马肚子狠狠一踢，指挥所部一万多名骑兵全都向前追赶。

于谦看到敌人被引近来了，微微点头，却不下令迎战。帐下勇将范广性急，请求立即出击。他只是笑着摇摇头，叫范广再等一会儿。敌人快冲到民房跟前了，于谦抓住时机，命令发火炮轰击。"轰！""轰隆隆！"火炮一响，敌军大片大片倒下，"铁颈元帅"当场给炮火击毙。

神机营的火炮刚停，埋伏在民房里的明军精兵，就一起冲杀出来。这支精兵好像从天上突然降落，地下突然钻出，好多瓦剌士兵还没有弄清楚是怎么回事，就给杀死了，其余的东奔西窜，乱成一片。

于谦见敌军大乱，对范广说："范将军，这回轮到你了！"范广把手一招，示意部下跟上，同时一马当先杀入瓦剌军中。他部下的将士受到鼓舞，也都奋不顾身冲进敌阵，远的枪刺，近的刀劈，杀得瓦剌军哭爹叫娘，抱头鼠窜。

也先起先不知孛罗已经丧命，他看到派出的一万多名骑兵稀里哗啦地退下来，明白德胜门外的明军是一个硬头钉子，慌忙叫手下人吹起牛角号，把败兵收集起来。然后，他亲自率领瓦剌大军，气势汹汹地扑向四直门。

于谦自己虽说守卫在德胜门一线，却早对其余各门的将领下达过敌人一到立即主动出击的命令。当也先率军到达西直门时，守卫在那儿的明军将领迅速迎战，当场斩杀敌军前锋几名骑将。瓦剌前锋部队败退向北，明军骑士奋勇追击掩杀。忽然，一支瓦剌生力军赶到，但是北京城南的明军也前来助战。明军和瓦剌军交锋多时，打得难分难解。

由于瓦剌军兵强马多，明军渐渐支持不住，往城门口退去。城上守将见后面瓦剌军追了过来，急忙点发火炮，朝敌人密集的地方轰击。在双方搏杀激烈、瓦剌军渐占上风的危急时刻，于谦又从德胜门调来精兵，投入战斗。瓦剌军虽说人多势众，被明军东、南、北三路合力围攻，不得不向西北方向退去。这一天的战斗，以瓦剌军的败退而告结束。

第二天，不甘心失败的也先，又聚集重兵，进攻北京城西南的彰仪门上城。于谦早有防备，在彰仪门附近的交通要道上，埋伏了一支带着火炮等武器的明军，吩咐他们，瓦剌军一到，立即开炮轰击。他并且命令一支精兵，手执弓箭利刀，作为那支明军的后队，火炮轰击一停止，马上掩杀过去。也先兵马来到彰仪门，先是被火炮轰得一塌糊涂，接着又给冲上来的明军砍得七零八落。瓦剌军抵挡不住明军的猛烈攻势，只得向后退却。

明军得了小胜，但看到瓦剌军并不是溃败，所以不再追击。这时，突然钻出一支太监军，他们是明景帝派来"助战"的，根本不懂兵法，却想抢夺战功，见瓦剌军往后退去，叽叽喳喳地嚷着"追啊""杀啊"，真的向前追赶。一位明军将领喊他们不回，怕吃了亏在皇帝面前不好交代，只得带着手下士兵也冲上去。不幸，那员将领在混战中中了箭，当场阵亡，士兵们一时无人指挥，乱了阵势。也先得着机会，率瓦剌军反扑，冲垮了明军的阵营，接着便紧逼到了土城前面。

明军与敌军交战时，土城里有一些胆子比较大的居民，趴在屋顶上面观战，为明军将士呐喊助威。他们见瓦剌军逼近，都大叫起来，随手揭下屋顶上的瓦片，朝敌人飞砸过去。许多本来在屋子里房檐下的老百姓，见此情形，也都爬到屋顶和墙上，用砖块、瓦片猛抛狠砸，同时大喊杀声，威慑敌军。霎时间，砖瓦纷飞，杀声震天，瓦剌军防不胜防横空飞来的砖雹瓦雨，有的给砸破了额头，有的给砸断了鼻梁，就再也不敢往前冲了。

当彰仪门战斗激烈、双方相持不下的时刻，于谦派出的一支援军及时赶到。也先估量又会像昨天一样吃大亏，慌忙带着人马逃回本营。

从十月十一日到十五日，也先和他的大队兵马，接连五天攻打北京，硬的软的都用上了，始终没能达到目的。更叫也先伤透脑筋的是，瓦剌军屡战屡败，士气沮丧，已经很难再围攻下去。而就在这时，几份急报送到瓦剌军大营，也先打开看了，登时心慌意乱。

一份急报说：瓦剌军攻破紫荆关后，关内的明朝老百姓已纷纷组织起了义军，不断袭击瓦剌部队；义军的队伍正在扩大，已对围攻北京的瓦剌军主力造成威胁……

另一份急报报告了居庸关的战况：也先入紫荆关时，分拨五万瓦剌军骑兵攻打居庸关，准备入关后到北京会师。可是居庸关的明军守将，照着北宋时杨六郎守遂城的办法，利用天气突然寒冷，汲水从城墙上面淋浇下去，北风一吹，水结成冰，冻得城墙硬梆梆、滑溜溜。瓦剌军猛攻七天七夜，伤亡了不少人马，只好撤退。明军将士出关追击，杀得瓦剌军大败……

再一份急报是：十天前，于谦曾向各地调集兵马，加强北京的防卫力量，如今这些明军部队正在昼夜兼程火速行军。一旦赶到北京，也先的瓦剌大军就有被切断退路，受到包围的危险……

也先读着一份份急报，一会儿浑身燥热，脱了皮袄还淌汗；一会儿手脚冰凉，两眼直瞪瞪地望着巍峨庄严、凛然不可侵犯的北京城。末了，他半死不活地从牙缝里挤出两个字："撤军！"

十月十五日夜里，瓦剌军拆掉营帐，灰溜溜地撤离北京城郊。也先挟持着明英宗，垂头丧气地走在前头。明军将士发现了这一情况，马上报告于谦。于谦命令各路火炮齐发，轰击瓦剌军队。也先部下有一万多人死在炮火之下。接着，于谦又指挥明军将领乘胜连夜追击，掩杀敌军。也先慌慌张张地带着剩下的瓦剌军，跌跌撞撞地向西逃窜，于十月十七日退出了紫

荆关。

北京保卫战取得了胜利。于谦随即又派出范广等将领，率领二万明军，追剿分散在各地的瓦刺军残余部队，一直把他们赶出长城外，给了瓦刺统治者以严厉的惩罚教训。

4. 瘁心国防

爱国英雄于谦督战九门，粉碎了也先夺取北京的企图，从而把明朝从败亡的边沿上挽救了出来。当年十一月，明景帝论功行赏，升加于谦少保衔，仍然执掌兵部尚书，总督军务。

可是于谦认为，瓦刺虽退，战火未熄，北方边郡依然处在瓦刺的威胁之下，自己不应该领受封赏，就谢绝说："瓦刺军进至京城，是我们当朝官的耻辱，我哪里还敢邀功取赏！"

在京城保卫战中勇猛杀敌的石亨，被明景帝封为武清侯。他心里明白，论功劳，于谦要比自己大得多，可人家连个少保衔还辞谢不受，我又怎么好独自一个封侯呢？石亨便上疏推荐于谦的长子于冕做都督府前卫副千户，要是于冕也升了官，他就可以领受封侯了。

于谦听说这件事后很生气，说："如今国家正在困难的年头，当臣子的应该为社稷着想，可不能顾念私恩。石亨身为大将，不选拔军队中的人才报效国家，却单独举荐于冕，这样做是不应该的！"

北京的警报解除后，有人提出，宣府和居庸关的守将通晓军事，英勇善战，应把他们调到京城，担负守卫国都的重任。于谦坚决不同意，说："宣府是京城的藩篱，居庸关是京城的门户，正应当派智勇的将帅镇守，怎么可以把他们抽回到京城来？一旦边备空虚，瓦剌军趁隙而入，京城又怎么能安枕无忧！"

后来的事实证明，于谦的意见是完全正确的。

于谦为国家忠心耿耿，对瓦剌绝不大意。实际上，也先虽说已退出关外，但是的确野心不死。随同明英宗被俘的太监喜宁向他献计：既然进攻北京不能得手，那就改一个方向，从宁夏进兵，占据江南，让明英宗作为傀儡皇帝，在南京登位，瓦剌就可以控制南半个中国了。另一个名叫小田儿的明朝汉奸，也劝也先夺取山东，切断明朝沟通南北物资的漕运。也先听了他们的话，跃跃欲试，景泰元年（公元1450年）春夏，即再度向明朝北方边境发动了大规模的攻势。

然而，各地明军在于谦的指挥下，早已作好迎战准备。瓦剌军进攻宁夏，受到阻击，再攻大同，又大败而回。

本来，瓦剌通过与明朝的"通贡"与"互市"，还能得到一些实际利益，由于也先发动战争，又遭到失败，把那些利益也丢掉了。瓦剌内部许多人对也先的攻掠政策非常不满。也先想再恢复"通贡"与"互市"，就必须与明朝重归于好；而要与明朝重归于好，那个原先"奇货可居"的明英宗，反而成了一个包袱。他只好认输，主动提出将明朝皇帝送回明朝。

明景帝是一年前因为"土木之变"时明英宗被俘虏了才当上皇帝的，一旦明英宗回来，他就可能要让出皇位，所以他心里可真不愿意明英宗回来。但是他不好直说，就借口也先"诡诈难信"，拒绝派使臣去迎接明英宗。

于谦觉得，也先既然诚意求和通好，不迎接明英宗就是明朝这方面的不是了。他不怕得罪皇帝，一针见血地指出说：

"皇位是已经确定了的事，用不着再议论。但是瓦剌既然提出送还太上皇（指明英宗），本朝理当派使臣迎接，不迎回太上皇，边境终究不得安宁，战火终究不得停息；迎回了太上皇，则战争可望休止，百姓也可得到安宁了。"

明景帝被于谦说透心事，只好照办。当年八月中，明英宗回到了北京。在中国历史上，汉族帝王被外族俘去而又无条件地释放回来，这还是第一次。说到底，明英宗之所以能安然回京，一方面是于谦抗击瓦剌，加强国防的功劳。另一方面，也是于谦说服明景帝顾全国家利益大局的结果。

由于明英宗已经被放回，明朝政府中有些人，就以为天下太平，从此可以高枕无忧了。于谦及时向朝廷提出了"上皇虽还，国耻未雪"的警告，并且加强了宣府、大同、山海关、居庸关等地的防务，惩办了贪污渎职的军官，整肃了明军的法纪。同时，他领导试制了好几种新式武器，如在铁枪头上装置火药筒和小响铃，燃放出去可以惊崩敌军马队的"火伞"，以及短时间内可连发三次，射程差不多有一里远的火铳。此外，他还着手改革了禁军体制，创立了由十五万精锐将士组成的团营。

明朝的国防，在于谦的积极整顿下，呈现一派新的气象。而瓦剌内部，也有许多人希望与明朝和好交往。景泰六年（公元 1455 年），也先在内讧事变中丧生。从此，瓦剌对于明朝北部边境，再也没有形成过大的威胁。

然而，就在于谦为巩固明朝国防呕心沥血不遗余力的时候，明朝腐朽的上层统治集团正在宫廷内部酝酿着一场争夺皇位的丑剧。景泰八年（公元 1457 年）正月，明景帝病重，总兵石亨和副都御史徐有贞（即是"土木之变"发生后惊惶叫嚷迁都南下的徐珵，因徐珵的名声太臭，他改名为徐有贞）等人，捧出明英宗，复辟帝位———历史上称为"夺门之变"。

明英宗也不想想自己是怎么能平安回来的，却一味怨恨于谦在"土木之变"后拥立明景帝即位这件事，石亨和徐有贞也各自为着泄私愤图报复，君臣几个于是合谋诬陷于谦有谋反的"意欲"（想法、念头），竟然将他处死。都督范广一向受于谦的信任，石亨怀着嫉恨，也把他问斩。其他抗战派人物，或革职，或充军，都遭到了残酷迫害。

爱国英雄于谦被杀害后，朝廷抄没他的家产，没有一件值钱的东西，只有大量书籍，可见他为官是多么清廉忠正。天下百姓无不为于谦被害叹息称冤，京都城郊老幼也都洒泪哭泣。有人还把"意欲"称做"二字狱"，比作南宋时秦桧以"莫须有"三字狱害死岳飞的冤狱。不久，北京出现了怀念于谦的童谣："京都老米贵，哪里得饭广（谐音范广）；鹭鸶水上走，何处觅鱼嗛（谐音于谦）。"于谦的灵柩被安葬在故乡钱塘的三台山麓。人们将他与精忠报国的岳飞相提并论。爱国先辈的英名传颂千古，至今受到人们的景仰。

戚继光平倭御边

1. 但愿海波平

自从也先死后，西蒙古瓦剌部开始衰落，东蒙古鞑靼部乘机崛起。嘉靖二十九年（公元 1550 年）秋，鞑靼统治者俺答率军进犯大同。大同守将是明朝当时权臣严嵩的党羽，竟用重金贿赂俺答，叫他绕过大同，从别处进攻。俺答于是由古北口突入长城，接着大掠怀柔，围攻顺义，长驱通州，进逼到北京城下。这年是农历庚戌年，所以史书将这一事件称作"庚戌之变"。

"庚戌之变"发生得突然，北京又一次出现了严重危急的局面。明朝皇帝明世宗连忙调集各地兵马，火速入京救援，同时将当年秋天正好赴京会试的武举，也编入军队参加战斗。武举中有一名二十三岁的青年，名叫戚继光，被委任为督防九门的总旗牌官。"庚戌之变"中，由于把持明朝军政大权的严嵩极力主张"寇饱自去"（敌人抢劫掳掠足了自然会退去），坐视俺答在北京城外劫掠了八天，捆载着无数百姓、牲畜、金帛、财物北归，因此京都城防没有发生激烈的战斗。但是戚继光在这场事变中显示了他的军事才能，尤其是他向朝廷呈献的包含十几件克敌制胜措施的御敌方策，很有价值。兵部认定他是个将才，特地向明世宗作了推荐。

戚继光确实是个一将才。他出身于将门，父亲戚景通是一位正直廉洁、尽职报国的军官，不但武艺精熟，而且喜读兵书。戚继光受父亲的熏陶教诲，小时候就喜欢做军事游戏，常常带领一批儿童操演战术，堆泥土垒瓦石为阵营，削竹片糊色纸做旗号，自任统帅，发号施令，居然指挥得当，进退有方。他还爱读书，由中华古代英烈的楷模和父亲身教的榜样，渐渐懂得了卫国安民的道理，养成了勤勉俭朴的品格。

当戚继光十六岁时，戚景通已年逾古稀，而家境十分萧条。有人问他："你廉洁是廉洁了，可是拿什么东西留传给儿子呢？"戚景通没有直接回答，倒是把戚继光叫到面前，嘱咐说："我留给你的将是保卫国家土地的责任，你要好好继承！"戚继光心领神会，当即拜谢说："儿一定誓死保卫国土，绝不许敌人侵犯！"

一年后，戚景通病故，戚继光承袭他六世祖传下的军职——登州指挥金事，担负起了保卫国家的责任。

登州是山东海防前哨，戚继光和他率领的明军所要防御的外来之敌，便是当时对中国沿海地区人民造成极大危害的倭寇。

倭寇这个祸患，早在元末明初就已经出现。那是因为中国东方的邻国日本，当时正处于分裂混战时期，许多溃兵败将和无业游民，沦为海盗，大肆走私和抢劫。他们往往占据中国沿海岛屿，窜犯侵扰大陆。由于日本古称倭国，中国的官兵百姓便叫这些盗寇为倭寇。明朝初期，由于国力强盛，政治尚不十分腐败，倭患还不太严重。但是随着明帝国一步步走向腐朽，海防逐渐削弱，倭寇的活动，愈来愈厉害。到嘉靖年间，更是猖獗到了极点。中国沿海一些官僚地主和奸民，为了分赃牟利，竟然与倭寇勾结，狼狈为奸，加深了人民的灾难。倭寇不仅抢劫金银财宝，而且掳掠男女人口，打仗时挡在前面送死，回日本时带去贩卖为奴隶。他们烧杀成性，丧心病狂，连小孩子都不放过，甚至将婴儿缚在竹竿上，浇泼滚烫的开水，听那凄惨啼哭的叫声取乐；也有的抓住了怀孕的妇女，赌猜腹中所怀的是男是女，然后用刀活活剖开肚子验明。倭寇那些种种血淋淋的罪行，令人发指。

戚继光生长的嘉靖初期和中期，恰是倭患变本加厉不可收拾的时候。当时倭寇为害最严重的是浙江、福建两省，比较起来，山东还算是好的。但是戚继光怀着远大的志向，他绝不容许倭寇在中国的土地上肆虐横行，他要解除同胞遭受倭寇掠夺骚扰的痛苦与忧患。所以，在一本兵书的空白处，戚继光写了一首五律诗，其最后两句是：

> 封侯非我意，但愿海波平。

也正是为了实现"但愿海波平"——消灭倭寇的志向，戚继光没有以世袭的登州指挥佥事的职务为满足，而是凭真才学真本事，先是考中了武举，接着又进京会试。就在会试时遇上"庚戌之变"的后三年，明朝政府将这位武艺高强而又精通韬略的青年将领，提升为主管山东抗倭军事的都指挥佥事，统辖三营二十五卫所将士，守卫海防。

戚继光到任后，针对卫所年久失修、残破不堪，士兵缺乏训练、纪律松弛的现状，首先着力于整顿营伍，修复卫所，训练军队，严肃纪律。

由于军中散漫懈怠已久，将校们对年方二十六岁的戚继光不大买账。有一位军官是戚继光的远房母舅，他自恃长辈身份，拒不服从命令。为了整肃军纪，戚继光当众下令，给了他严厉的处罚。当天夜里，又作为外甥向他赔礼，说明白天之所以要那样做的原委，并要求他带头遵纪守法。这位军官大为感动，扑地跪下说："我已知道你秉公执法之严，从今后再也不敢违扰你的将令了！"

这件事传扬开去，官兵们纷纷议论说："戚将军执法不袒护私亲，说明他秉公断事。他对自己的舅父都不讲情面，何况我们只是他的部下属吏呢！假如谁再冒犯法令，那真是咎由自取了！"从那件事以后，军队风气大变，纪律严明，再经过戚继光的训练，使山东沿海的防御力量有了很大增强。

当戚继光在山东主持抗倭军事的时候，浙江的倭患恶性膨胀起来。于是，明朝政府将戚继光调到浙江防倭前线，不久担任了镇守宁波、绍兴、台州三府的参将。

参将的职责，在平时是挑选和训练士卒，有敌情则率军作战。可是戚继光上任后，还没有来得及选练士卒，就遇上倭寇八百多人，袭击属宁波府的龙山所。龙山所是浙中的门户，戚继光闻讯，顾不得人生地不熟，立即率军驰往。同时赶到的，还有另外几支明军。

但是，明军兵马虽说有一万之多，却缺少统一指挥，军心不齐，加上有的将领想保存自己实力，所以战斗力很弱。倭寇似乎对明军很了解，压根儿就不把他们放在眼里，以惯用的战术，分成三路，气势汹汹地朝对方冲去。这种战术，说穿了其实一点也不高明，就是分成若干纵队，每队单列，缓步前进；为首的一人，大多是倭寇头目，接着是身强体壮的大汉，中间夹七杂八，有时还有被胁从的中国老百姓，最后面又是些身强体壮的汉子。倭寇战术虽然差劲，却因排在队伍前面的大多是些砍杀凶悍、不顾死活的亡命徒，比敌人要多了十几倍的明军，居然抵挡不住，纷纷溃退。

戚继光眼看情势危急，连忙跳下马背，跃上一块巨石，拉开了弓箭。只听得"嗖"的一声，一名倭寇头目应弦而倒。紧接着又是两箭，射死了另外两队为首的倭寇头目。三路倭寇都死了头目，立时仓皇窜逃。戚继光随即翻身上马，率领部下将士掩杀。先前溃退的明军官兵，从心底里佩服这位新上任参将精湛的武艺和勇猛的作风，也都聚集拢来，把倭寇杀得大败。

不到一个月，又有一股人数更多的倭寇侵犯龙山所。明军出战的将领，除戚继光外，还有比他大二十四岁的抗倭名将俞大猷，以及台州知府谭纶等。激战开始时，明军奋勇杀敌，三战三捷，倭寇只得连夜逃跑。明军紧追不舍，倭寇两次停下来，返身迎战，都遭到了痛击。最后，倭寇逃到形势险要的雁门岭，设下埋伏，然后诱使明军追来。当明军进入路径崎岖、山道狭窄的岭口后，倭寇突然从两边发起夹击。

明军猝不及防，队伍大乱，只有戚继光和谭纶两支兵马，受主将的严密约束，处变不惊，临危不散。倭寇不敢逞凶，趁机向东退走。戚继光对明军这次出击没有取得预期战果感到遗憾。但是他与俞大猷、谭纶第一次协同作战，结下了亲密的战斗友谊，这使他非常高兴。

通过两次实战，戚继光感到明军的战斗力很弱，尤其是从全国各地调来的"客兵"，纪律既差，打仗又不管用。他向浙江总督胡宗宪建议，从浙江当地招募新兵，严格训练出一支战斗力强的军队。可是胡宗宪却轻蔑地拒绝说："浙江人要是可以练，我早就自己练了，还等你来练？"戚继光不同意胡宗宪的观点，坚持主张招募浙江兵亲自训练。但他还没能说服胡宗宪，就投入了较大规模的岑港之战。

岑港在舟山岛的西面，附近岛屿很多，港湾曲折，地势易守难攻，极为险要。倭寇盘踞岑港多年，气焰嚣张。胡宗宪再不打岑港，难以向朝廷交代，就于嘉靖三十七年（公元 1558年）春，调动所部兵马，分成北路、中路、右路、左路，合力进剿。戚继光担任了左路军主将。他预料到战斗的险恶，临出发前，对夫人王氏说："我是朝廷将官，马革裹尸正是我的本分！"

战斗打响，果然异常激烈。倭寇居高临下，据险死守；明军向上进攻，伤亡很大。正当双方相持不下的时候，又有一大批倭寇从台州登陆。胡宗宪于是抽出戚继光这支部队，叫他火速驰援台州。

戚继光带领着将士们，星夜兼程南赴台州。可还没到达，又得着情报，说倭寇已转犯温州。他立即率部赶往温州，在瓯江北面截住了大队倭寇。

明军虽说是远道赶来，由于戚继光身先士卒，表率激励，兵锋十分锐利。战斗从早上一直打到午后，明军获得大胜，倭寇四散奔溃。紧接着，戚继光又指挥部下兵马，打了几个胜仗，挫灭了倭寇的狂妄气焰。

倭寇吃了大亏，大多跳上舟船，在瓯江上漂来荡去，企图寻找机会反扑。可是戚继光防备严密，沿瓯江布置了长达十多里的防线，日夜监视敌人的动向。倭寇眼看明军队伍整齐，号令严肃，不敢轻犯，于是顺流东下，在瓯江出海口不远的地方停泊下来。

戚继光的目的，绝不是仅仅把倭寇打跑了了事，他要尽一切可能消灭倭寇的有生力量。所以，他一面命令沿江的防守不许大意，一面征集舟船，兵分水陆两路出击。瓯江一带的渔民恨透了倭寇，好多人不仅送来了小船，还主动要求替明军划桨助战。

明军陆路由戚继光亲自率领，一边东进，一边清剿陆上的小股倭寇。与此同时，水路的明军在老百姓的帮助下，先一步逼近了瓯江上的大队倭寇，奋勇发起了进攻。

倭寇乘的大多是小船，但也有一艘高大如活动城堡的福船（中国福建地方造的船）。他们欺明军乘的打渔船低小，就以那艘福船为掩护，同明军展开水战。明军的小渔船经不起福船的冲撞，倭寇从福船上往下射箭又格外厉害，渐渐露出不支的态势。

正在明军形势不利的时候，戚继光率领着陆路明军赶到了。他与旁边一员将领说了句什么，随即勒马弯弓，瞄准福船上的舵工，"嗖"地一箭射去。那舵工"哇"的一声，仰天跌倒，眼见活不成了。而方才听戚继光吩咐什么的那员将领，也已经发出一箭，射死了福船上的橹手。福船没了舵工、橹手，运行不灵，在江面上晃荡打转，船上的倭寇顿时手忙脚乱。明军舟船乘机四面围攻，放火的放火，射箭的射箭，逼近敌船的刀砍枪刺，杀得倭寇无路可逃。倭寇的福船与许多小船被焚毁，倭寇烧死、杀死和溺死的不计其数。最后，只有一小部分倭寇趁乱溜出瓯江口，向大海逃去。

当年秋天，解除了台州、温州一带倭患的戚继光，回到岑港战场。明军对这个大倭巢已经攻打了半年之久，仍然没有什么进展。戚继光竭尽全力投入鏖战，亲冒矢石，出生入死，冲锋杀敌。在一天深夜，抵挡不住明军凌厉攻势的倭寇，放火烧掉寨棚，退出岑港，逃到了一个小岛上。

明军攻克岑港后，如果乘胜追击，完全可能全歼逃跑的那股兵败势穷的倭寇。可是胡宗宪只求打下岑港为满足，没有再往那个小岛进剿。结果，倭寇一面四出抢掠，一面暗造大船，不久便逃往福建，继续为寇作乱。

戚继光从新任参将到攻克岑港，不过两年光景。但他在御倭战争中初显神威，取得了相当辉煌的战绩。这位刚刚三十岁的爱国将领，已经十分成熟了。

2. 平定浙江倭患

岑港之战后，倭寇将侵扰的重点向南转移。嘉靖三十八年（公元 1559 年）春夏之交，又有数千倭寇在温州、台州一带登陆。四月间，戚继光率军南下，兵锋直指台州海门卫东北五十里的小城桃渚。一路上明军与小股倭寇打了几仗，都取得了胜利。当他们赶到桃渚时，这座小城已经被倭寇围攻了一个多月，好多居民都已经背井离乡，逃难远走。

戚继光看桃渚三面枕山，一面临海，形势险要，怪不得倭寇久攻不下。他想，如果自己率大队人马进城，守住桃渚是不成问题的。可是，倭寇攻不下城，势必退兵转犯别处，还是不能把他们消灭。他略一沉吟，定下了一条赶狼入袋的妙计，当即分派数十名鸟铳手进城，约定第二天大张旗鼓，作为疑兵，吓退攻城的倭寇；自己则率领主力在倭寇退兵必经之道设下三路埋伏，仿佛一只张开的口袋，只等倭寇进来，就收起袋口痛打。

次日清早，倭寇再度攻城，桃渚城头突然竖起了许多旗号，鼓声不绝于耳，同时鸟铳齐发，向城下轰射，打死了不少敌人。倭寇大惊，以为明军大队援兵已进入桃渚，慌忙撤围退走。倭寇不退倒也罢了，一退，正好钻进戚继光布置的口袋阵。戚继光亲自擂鼓督战，指挥明军奋勇冲杀，与敌人展开白刀格斗。战斗从清晨打到中午，明军愈战愈勇。倭寇大败溃散，夺船逃命。来不及上船的，被淹死了不少。最后，败寇分做两股，一股窜往山谷，一股乘舟逃往椒江南岸。戚继光率部紧追逃往山谷的那股败寇，将他们包围在一个山头上，然后趁夜色朦胧，四面仰攻，一举克敌，大获全胜。

但是，在戚继光追击残倭时，又有一大批新登陆的倭寇来攻打桃渚。戚继光一面向胡宗宪报告敌情，建议调动几路明军，分进合击，自己则不顾疲劳，再次回师桃渚解围。这时倭寇对于戚继光的厉害已有所领教，所以当绣有"戚"字的军旗在桃渚附近出现时，倭寇都向附近的山头逃窜，凭借山势固守。戚继光穷追不舍，猛攻倭寇占据的山头，放火焚烧倭巢，烧死杀死倭寇许多人。恰逢天降大雨，残余倭寇趁黑夜冒雨下海逃走。到这时，桃渚之围才算真正解除，逃难在外的居民得到消息，纷纷重返家园。

戚继光消灭了桃渚的倭寇后，又带着部队来到台州东南九十里的海门，正遇上探马急报，说有三千倭寇前来袭击。他想到自己的士兵刚打完仗行军来到这里，需要休息，就要求海门的守将注意戒备，守一夜城，明天一起迎敌。守将满口答应。戚继光于是传令全队早早睡下，养精蓄锐，明日好与倭寇厮杀。

谁知这海门守将和他部下的士兵都懈怠惯了，看看天色墨黑，风雨交加，以为倭寇不会来袭击，居然毫无戒备。当夜有数百名倭寇前来爬城，守城明军漠然不知，直至三十多个倭寇登上了城头，守将才发觉大事不好，赶紧击鼓鸣号，大声呼救。

戚继光心中有敌情，觉睡不安稳，听到警报，来不及披挂铠甲，双手各执一剑，跃上马背，冲出营来。这时夜色如漆，风狂雨紧，伸手不见五指，他都看不清自己手下有多少士兵已经起身迎敌。他的卫士急得大喊："主帅亲自冲锋了，大家还不快上！"明军将士听了，大都奋勇上前，与倭寇拼杀。已经登上城的倭寇没有退路，作了刀下之鬼；还没爬上城的倭寇眼见袭击失败，匆匆返身奔逃。戚继光保住了海门，为了严肃军纪，把那守将斩首示众。

侵犯海门的倭寇其实没有跑远。但是因为此后一连几天下大雨，双方都不便进攻。戚继光料定倭寇不能久驻，必向水路逃跑。他叫人在河道当中打下许多木桩，不让倭船出海。倭寇果然企图驾船逃往大海，却被木桩堵住通路，只得到海门南面的新河，依山势构筑工事，作死守打算。

雨止天晴后，戚继光侦知倭寇的船只都停泊在新河城南，便将三支精锐兵马，埋伏在城南一线，然后派出一小队士兵，出西城引敌来攻。倭寇以为明军大多在西门外，企图佯扑一下，然后趁机逃往城南，好跳上船只渡河逃跑。这一盘算恰恰是戚继光所预料到的。所以，当倭寇匆匆奔到城南时，早已埋伏在这里的明军三路兵马，一下子冲将上去，打得敌人丢盔卸甲。倭寇不敢硬拼，纷纷下船，隔水射箭发射火铳。明军以火铳反击，又用火炮炸碎了两艘倭船。倭寇见炮火厉害，又慌忙离船登岸，迎战明军。可是这股败寇哪里是戚继光部下将士的对手，再一次遭到了痛击，只得窜到船上，逃向南岸。明军继续用火铳和弓箭，杀伤了大量敌人。这一仗，明军焚毁倭寇双桅大船三十二艘，烧杀淹死倭寇一千多人。

为了彻底歼灭南逃的残倭，戚继光下令乘胜追击。倭寇跑到一处海岸边上，看看快被明军追上了，急忙分五路占据岸边高山，妄图凭险固守；同时四出劫掠海舟，把那些渔舟都停泊在海边，准备万一抵挡不住时，就登船逃出海去。

戚继光会同谭纶，赶上了倭寇。他观察形势后，认为消灭敌人最有利的地方是在海岸边上，因此在那里埋伏了精兵。然后，拨出一支兵马，吩咐带队的将领从山后袭击，自己则指挥最艰巨的正面攻山战斗。这一战术的用意是：从山上山下逼挤倭寇，迫使敌人逃往海岸，钻进预设的埋伏圈，一鼓聚歼。

攻山战斗开始时，由于倭寇占据险要，矢石纷飞，明军冲了几次，都退了下来，有些士兵最后索性拒绝服从命令了。戚继光大怒，斩杀了几个违令的士兵，然后和当时也在军中任将领的兄弟戚继美约定，各自瞄准一个倭寇头目放箭。兄弟俩的弓弦几乎同时震响，两名倭寇头目随即倒地送命。众倭寇见状，惊恐万分。戚继光乘势率领将士发起猛烈冲锋。恰好，他先前派出的绕到山后袭击的队伍，就在这时爬上山顶，居高临下地压向敌人。

倭寇上下受到夹攻，乱作一团，瞅瞅通往大海的那条路，却没有明军堵截，不由得暗自庆幸。倭寇头目打了一声嗯哨，五路倭寇并做一股，冲向海边，正好一头钻进了戚继光布下的圈套，还没跳上渔舟，就被明军包围痛歼。

歼灭了侵犯台州的倭寇后，戚继光再次提出招募新兵亲自训练的建议。这一回，他的建议首先得到了谭纶的支持，而胡宗宪由于舆论所迫等原因，也表示了同意。戚继光亲自到民风强悍的义乌县，招募质朴大胆的矿夫和农民入伍，然后加以严格训练，组成了一支具有良好素质的英勇善战的抗倭生力军——戚家军。

戚家军新建不久，就投入了御倭战争。嘉靖四十年（公元1561 年）夏，倭寇二万余人，驾战船数百艘，侵犯浙东。倭寇主要攻击的目标是台州，但行动时却以主力首先窜扰宁海。戚继光识破敌人声东击西的阴谋，将计就计，一面在台州等地配备了必要的兵力，以防万一。自己则亲率主力，直趋宁海，与倭寇激战。戚家军勇不可当，打得倭寇狼狈窜逃，跑到了雁门岭。

五年之前，戚继光刚任参将时，明军追击倭寇，倭寇就是退到雁门岭施埋伏计反击明军得逞的。这次，倭寇仍然被困。他们认为雁门岭有险可守，就收拾溃败的队伍，坚壁高垒地驻扎起来。但是，倭寇这一回的对手，却是训练有素、士气旺盛的戚家军。戚继光乘着宁海获胜的余威，终于打得倭寇抛弃险垒，抱头鼠窜。

当戚家军大败倭寇于雁门岭的时候，另一股倭寇趁机袭击台州府城。戚继光闻讯，立即亲自率领将士，疾往台州府城救

援。戚家军急行七十余里，先头部队赶到台州城下时，正是中午。士兵们顾不得饥渴疲劳，在战鼓声中列阵推进，与倭寇接战。倭寇摆开"一字阵"迎战。戚家军前锋先是用火器烧得敌人焦头烂额，接着，便以鸳鸯阵发起猛攻。

鸳鸯阵是戚继光针对倭寇作战特点创造出的一种独特的战斗群体，用来对付刀法虽精却是单列散兵作战的倭寇，非常有效。倭寇受戚家军鸳鸯阵的重创，慌忙改变"一字阵"队形，分做左右两路顽抗。戚继光于是变化旗鼓。一会儿将鸳鸯阵一化为两，成为五人一伍的两仪阵，一会儿又将两仪阵还原为鸳鸯阵，但随即又变做横开排列的三才阵……倭寇被弄得眼花缭乱，手足无措，哪里还招架得住？他们一边溃逃，一边往身后抛散从老百姓家里抢夺来的金银细软，企图引诱戚家军捡拾，好趁机返身回杀。但戚家军将士毫不动心，兵分两路，一路追击倭寇的左路，到一条江边，将敌人全歼；一路追击倭寇的右路，掩杀四十余里，大获全胜。

侵犯台州的倭寇遭到了戚家军毁灭性的打击。第二年，又有近千名倭寇窜犯温州等处。戚继光率军进剿，七战七捷，打得倭寇魂飞魄散。从此，浙江再也没有发生过大规模的倭患。浙江人民纷纷赋诗、刻石，颂扬戚继光的御倭功业。

3. 转战福建、广东

当戚继光在浙江平倭建立奇功时，福建的倭患正日益严重。

原来，自从岑港之战后，一大批倭寇转逃福建，与原有的倭寇合流，残害福建人民。过了三四年，福建的倭寇已经结成了几个大倭巢。当地明军见了他们惧怕,忍心看着老百姓遭受烧杀抢掠也不敢出战。明朝政府于是将戚继光调到福建抗击倭寇。

嘉靖四十一年（公元 1562 年）秋,戚家军进入福建,首先把兵锋指向倭寇经营多年的老巢横屿。

横屿是福建宁德县城东北二十余里的一个小岛。它与大陆之间,隔着约十里宽的一大片浅滩。逢涨潮时,这片浅滩放眼尽是汪洋,可是水又不太深,明军如果乘舰船进攻,很容易搁浅,就是从别的方向接近横屿,也因为岸险滩阔,十分困难;潮水退后,这片浅滩成为烂泥洼淖,如果人踩上去,又黏又滑,弄不好还会往下陷。倭寇仗着这一特殊地形,在岛上构筑了木城等防御工事,时常驾着小舟出外,抢掠饱了,就缩回岛上。与横屿隔海相对有个小村,名叫漳湾,是倭寇在陆上的一个大据点。村子里有好多人为倭寇所胁迫,替他们探听消息,递送情报,明军稍有动静,横屿岛上就作了戒备。所以,倭寇自以为既占据着天险,又有人做耳目,压根儿就不把明军放在眼里。

戚继光了解了情况,决定先削掉枝叶,再砍断主干,从而把横屿的倭巢彻底铲除。他带着部队来到漳湾。贴出安抚告示,要那些过去为倭寇做过事的中国人,幡然悔改,弃旧图新,向明军投诚,可以既往不咎。

当天,就有一些人来到戚家军营中,跪伏请罪。戚继光请他们起来,说:"你们既然离开了倭寇,就仍然是中国的老百姓。我是诚心劝你们去恶归正走自新之路的,绝不会因为你们做过错事而断绝了你们的从善之心!"这话一传开,数天之内,

有一千多个曾经替倭寇做过事的胁从分子，纷纷到戚继光帐前表示悔过。

横屿倭寇的耳目被塞住了。八月初八这天清晨，戚继光命令将士们每人带上一捆干草，集合在海边，指着对面的小岛说："前面就是横屿，我们立即开始进攻。但是大家必须明白，今天的潮汛是晨落午涨，越过这片泥滩后，海潮马上就要涨上来，我们便处于背水之势；除非把敌人消灭，否则将十分危险，要等黄昏以后落了潮才有退路。大家说说，有没有进攻的勇气，能不能一举获胜？"

将士们听了，都激动地说："我们不远千里而来，还不是为着荡平倭寇，解救百姓，难道能面对敌人而表示胆怯吗？"

戚继光进一步激将说："只怕力不从心啊！"

将士们愈加摩拳擦掌，大声呼道："有进无退，有我无敌。将军请下命令，我们一定奋勇冲锋，全数歼灭倭寇！"

戚继光大喜，挥手说："将士们如此同仇敌忾，令人振奋。我当为大家击鼓助威！"

说着，他命令矿夫出身的部将王如龙扼守岸边，其余将士把草束铺在泥滩上，随着咚咚的战鼓声，匍匐向前爬行；草束则由将士们从后队传向前队，渐渐往横屿岛上伸展。为了使士兵们不至于因紧张陷入泥淖，同时避免后续部队脱节，每行一百步，鼓声就暂时停歇一会，让前面的人休息片刻，等后来的人及时赶上，然后再擂鼓，队伍继续前进。

倭寇盘踞横屿已历时三年，岛上戒备森严。这天看见明军爬过泥滩来攻，更是沿山麓布成阵势，企图死守。戚家军一边射箭一边强行登岸。上了岸的立即与倭寇展开肉搏战。戚继光看看部队都已经赶到，分派几员将领，各率本部人马，有的冲突敌阵，有的攻打木城，有的沿山脚往后面包抄……将士们背水鏖战，无不一以当十。倭寇也知道不战即死，拼命抵抗。硝烟弥漫在横屿的上空，杀声和鼓声淹没了海涛的砰訇声。

这时，扼守在岸边的王如龙焦急起来。戚继光分配给他的任务，原是截杀可能逃过海来的倭寇，可眼下战斗激烈，胜负未决，哪里会有倭寇上岸？他耳边响起了戚继光平日的教诲：逢军情紧急，应主动决断，不能呆呆地等候主将号令。想到这里，王如龙立即指挥士兵，乘小船越海助战。

进攻横屿的戚家军，得到王如龙支援，声势大振，冲锋愈加猛烈。正在双方你死我活拼杀、倭寇阵势动摇的当儿，岛中心忽然升起一道浓烟，原来是攻打木城的戚家军把倭寇老巢烧了起来。各路戚家军将士受到鼓舞，呼喊着猛攻；倭寇则心中慌张，纷纷败退逃窜。这一仗，倭寇被杀三百多人，淹死六百多人，还有几十人当了俘虏。戚家军打了一场漂亮的歼灭战。战斗结束时，海潮还没涨平哩。

第二天，戚继光率军回到宁德，作暂时休整。当时，由于福建地方物资供应不上，戚家军生活相当艰苦，士兵驻扎在野外，接连八天没吃上一顿有味道的饭菜。转眼到了中秋佳节，来自浙江的将士不免思念家乡。戚继光为了鼓舞士气，与部下们一起以茶代酒，赏月祝捷，并且作了一首《凯歌》，和大家唱和。歌辞大意是：

> 万众一心呵，泰山可撼。
> 凭着忠义呵，豪气冲斗牛。

主将亲我呵，胜如父母。

冒犯军法呵，自作自受。

号令严明呵，赏罚公平。

勇赴水火呵，谁敢迟留？

上报天子呵，下救百姓，

杀尽倭寇呵，觅个封侯！

中秋节一过，戚家军即向南开拔，指向另一个战略目标——牛田。

牛田在福建中部沿海县城福清东南三十里的地方，是倭寇在福建最大的巢穴。它与周围的相店、西林等据点联成一气，互相呼应，声势很凶。戚继光到达福清后，为了打好这一仗，把各路明军将领邀集到帐中，歃血发誓：战斗中务必同心协力，绝不仗势争功、捞取财物或观望妒忌！然后，他把兵马分成三路，亲自率领主力进攻杞店。

当戚家军驻在福清县城附近的锦屏山时，受尽倭寇蹂躏的老百姓，纷纷来到营前，请求将士们赶快进剿倭寇。戚继光理解他们的心情，但是为了麻痹敌人，故意扬言说："我军远道而来，要养精蓄锐休整些日子，寻找机会再出兵进攻，可急不得啊！"杞店的倭寇听说这消息，果然不加防备。

农历八月底的一天夜里，没有一点儿月光。戚家军神不知鬼不觉地从锦屏山出发，飞快疾驰到杞店，将倭巢包围了起来。王如龙遵照戚继光的命令，用肩膀托着一位勇士，越过栅栏，把寨门打开。戚继光下令放火烧木栅栏，同时指挥士兵蜂拥冲入寨门。倭寇梦中惊醒，只见四周全是火光，明军正持刀握枪杀将过来，顿时嚎叫着抱头鼠窜。戚家军左冲右突，猛砍猛杀，没一刻儿工夫，就将杞店的倭寇全部消灭。

战斗结束，不过二更天。戚继光将部队带回锦屏山，打算让将士们好好睡上一觉。可他派出去的哨兵却侦探到消息，说有一股倭寇正向锦屏山而来，估计是要劫营。戚继光当机立断，命令将士们在营区四周设下埋伏，只留下一座空营，让倭寇来扑。

天蒙蒙亮时，果然有七百多名倭寇前来劫营。他们骑兵在前，步兵在后，见明军没有发觉，大喜过望，冲进去后，才发觉是空营一座。要退出已经来不及了，戚继光一声令下，将士们弓箭、鸟铳齐发。接着，士兵们猛虎一般冲锋上前，杀得倭寇鬼哭狼嚎，只有一小部分残寇借着晨光从小路逃往牛田的倭寇大寨。

戚家军且战且追，乘胜直捣牛田。牛田的倭寇匆忙列阵迎战。戚继光迅速将部队分成左、中、右三路，发起猛烈进攻。倭寇抵挡不住，兵败如山倒。这时，另一支明军也赶到了。戚家军仿佛猛虎添翼，愈战愈勇，攻克了牛田倭巢之后，又接连袭破了几处倭寇据点。

战斗结束，戚继光计点战果，明军除生擒和斩首倭寇七百人，烧死者不计其数外，还有好几千名胁从分子扔下刀枪前来投诚。

牛田附近另外几个据点的倭寇，见牛田老巢被端，闻风丧胆，再也不敢迎战，窜到兴化（今福建省莆田县）府城南面二十里的林墩，与原在那里的倭寇会合一起，结巢据守。林墩四面有河汊阻隔，又可直通海港，既便于守，又易于逃。这里是

倭寇在福建最后一个大巢穴，有四千多名狡诈凶恶的倭寇聚集在这里。

九月中的一天，戚继光命令一支二千六百人马的部队，先行一步赶往林墩通往海口的一处险要地形埋伏，并吩咐带队的将领：两天后的清晨，大军将发起猛攻，如果敌人逃跑，就把他们堵住；如果敌人没逃，一听到我军战鼓，又立即配合主力进攻林墩。然后，戚继光亲率戚家军主力，进入了兴化府城。为了麻痹敌人，他表面上从容拜客，参加宴会，宣称让部队好好休息几天后，一定出师踏平林墩的倭巢。暗地里，他却抓紧时间，做好战斗准备，并且寻到了一位熟悉途径的向导。

就在戚家军到达兴化府城的当夜，全城居民安然入睡的时刻，戚继光叫卫士轻轻摇响了铜铃。将士们听到信号，悄悄起身；当第二遍铃声响起时，他们立即整队出发。走在队伍前面的，是白天请到的那个向导。向导指引着戚家军，在河汉纵横的地区走了约摸十五里路，来到了一个小村，从这里进入林墩，只有五里路程。戚继光见此时明月还高悬空中，就传令将士们稍稍休息，等月落之后，趁黎明之前天色最暗的时刻奔袭敌巢。

谁知戚家军请到的那个向导，竟是个死心塌地为倭寇做事的通敌分子！他故意把戚家军带上一条泥泞险隘的小路，而留出平坦的大道让倭寇回旋。当戚继光率领将士们艰难地走完最后五里路，终于逼近敌巢时，东方早已大白。倭寇察觉有变，破坏了进入林墩巢穴必经之道的小桥，只剩下几块横七竖八的石板，单人勉强可以通过。

虽说袭击的有利条件已经丧失，但是戚继光想到，自己事先派出的那支一千六百人的队伍，此刻正等待着配合主力进攻的鼓令，如果现在回去，以后再来进剿，将会更加困难。于是，他毅然下达了冲锋的命令。

战斗开始时，由于倭寇集中精锐，死死固守着桥头，并在沿河一线，布置了不少兵力，戚家军单列独进，从横七竖八的石板跃过去进攻，接连三次冲锋，牺牲了好些人，还是不能得手。这时，倭寇利用熟悉的地形，派出一队人马，绕着圈子来袭击戚家军的后路。戚家军白天行军劳累，半夜出击又被向导引上泥泞难行的小路，进攻已经失利，再加上腹背受敌，一时阵势动摇，前军几百人纷纷后退。戚继光平日爱兵如子，轻易不施责罚。但当此不进则败、不胜则死的紧要关头，他不得不严肃军纪，亲自堵住路口，杀了十几个逃兵，然后身先士卒，涉水冲过去。士兵们受到鼓舞，无不奋勇向前。

正在这时，戚继光原先派出埋伏的那支一千六百人的部队，听到鼓声也赶来会战。倭寇受挫，慌忙退回巢中。戚家军主力乘势进逼，杀入倭巢。

林墩倭巢筑于水网地带，中间巷狭路曲，戚家军既用不上狼筅、大刀之类的长兵器，又无法排列成攻战便利的鸳鸯阵。戚继光当即下令，让将士们有分有合，与敌人短兵相接，展开白刃往还的拼杀。倭寇在戚家军勇猛的进攻下，大败而逃，自相践踏，有一千多人落水淹死。

残倭从向导先前留给他们回旋的大道上逃跑。戚继光率军紧追，掩杀无数。最后，一股仅剩的但却是最强悍的倭寇，钻进了一家窑坊，企图凭据砖墙顽抗。戚家军的勇士们攀上屋顶，把夹有火药的柴草，点燃后投下去烧敌人。倭寇走投无

路，乱作一团。戚家军乘势杀入，全歼顽敌。

林墩之战，戚家军斩杀和活捉倭寇一千多人，倭寇给淹死和烧死的还更多。戚继光带着队伍奏凯回到兴化府城，城里的百姓才知道林墩的倭寇已全部被戚家军歼灭。

十月初，戚家军班师回到福清。戚继光由于劳累过度，加上进攻林墩时涉水着了凉，发烧病倒了。但是就在这时，又有大批新的倭寇登陆，企图围攻福州。戚继光调兵遣将，并亲自率领主力出战。一员部将劝他留在营中养病，不必上阵厮杀。戚继光不听，抱病上马，迎战倭寇。

双方接战后，由于这股倭寇极其凶恶，戚家军一时失利，往后退却。戚继光猛喝一声："大敌都被我们歼灭，难道还怕这股小小逆寇不成！"说着便跃马冲上前去。将士们见主帅抱病上阵，亲自冲锋，无不感到振奋，杀得倭寇大败。有一个横行海上多年、对中国人民犯下累累罪行的倭寇头目双剑潭，就在这次战斗中丧命。双剑潭在倭寇中名气不小，此人被戚家军杀死后，许多原来准备参加围攻福州的倭寇得知，再也不敢往内陆逞凶。有的惊呼说："难道戚老虎的兵真的到了福建么？"也有的哀叹道："我等早已不敢轻犯浙江，戚老虎怎么又来万里之外杀我！"

戚继光率军进入福建，连战连捷，使倭寇谈"虎"色变，闻风丧胆。但是戚家军本身也有一定伤亡，加上水土不服使不少人生了病，以及天气转冷需要准备过冬棉衣等原因，不得不于十一月间暂回浙江休整，补充兵力。倭寇获知戚家军已离开福建，嬉笑相贺说："戚老虎已去，我等还怕什么！"就在当月，倭寇六千人包围兴化府城，不久便将这座城攻陷。强盗们进城后大肆抢掠，无恶不作。明朝政府急忙命令正在浙江募兵练兵的戚继光，迅速再入福建征剿。

嘉靖四十二年（公元1563年）一月底，在兴化府城为非作歹了两个月之久的倭寇，得到"戚老虎"又要南下，匆忙向东南方向逃窜，占据了平海卫。戚继光此时已升任为副总兵，四月中，他将经过补充和训练的队伍，带到福清，与当时任福建巡抚的谭纶和任福建总兵官的俞大猷等取得联系，商定了进攻平海卫的作战方案。

这次作战，戚家军担当了中路正面主攻的任务。

四月二十日深夜，明军兵分三路，向平海卫推进。可戚家军刚刚逼近倭巢，就有两千多名倭寇，以一百多个骑兵为前锋，气势汹汹地向他们袭来。面对这意外遭遇的敌情，戚继光镇定指挥，命令将士们散开队形，漫山遍野点起火把，并向敌人发射火铳。倭寇想不到遇上了强敌，竟先慌张起来，骑兵的马匹被火铳的响声和亮光惊吓，更是乱蹦乱窜。戚家军放了一阵火铳后，随即列成阵式，冲锋上前，与倭寇步兵鏖战。倭寇才一交手，月光下认得对方用的是锐不可当的鸳鸯阵，知道遇到的强敌正是戚家军，自料不是对手，顿时心惊胆寒，掉头便逃，奔回巢内拒守。这时，左右两翼的明军已乘势并进，配合中路的戚家军包围了倭巢。戚家军将士格外奋勇，步步进逼，与倭寇血战。不一会，明军四面放火，烧得敌巢一片焦臭。没给烧死杀死的倭寇，也大多坠屋或落海而送了命。

戚家军紧接着平海卫大捷之后，又转战附近地区，于一个月内接连打了十几个大胜仗，消灭倭寇总数达五六千人之多。当年十一月，戚继光受任为福建总兵官，镇守福建全省及浙江

金华、温州两府，都督水陆军事。他不仅全面布置了防守和巡视的兵力，而且修缮了沿海防御工事，增造了水军所必需的战船，从而大大加强了福建和浙南沿海抗倭的力量。

可是，就在戚继光升任总兵的时候，又有二万多名倭寇，从日本渡海来进犯福建。他们把进攻的重点放在兴化西面的仙游，打算得逞后再往北强夺福州。十二月初，倭寇先是架云梯猛攻仙游，被守城的军民打退后，便分为四股，驻扎在仙游东、南、西、北四门外，昼夜不歇攻打。仙游军民顽强拒守，情况一天比一天危急。

戚继光在谭纶的支持下，对仙游之战作了周密的部署。他调动一支明军，抢驻在仙游附近的铁山，据险为垒，和倭寇对峙，牵制住仙游北面的敌人；同时从各营选派敢死勇士五百人，不断袭扰倭营，使得敌人不得安宁；戚家军大营则不时地鸣炮擂鼓，或驰奔人马，以迷惑敌军。此外，戚继光还分调各路明军，将仙游倭寇与福建其他各处倭寇的联络全部切断，以便集中力量对付仙游城下的倭寇主力。

这时，戚继光能用来进攻仙游倭寇主力的兵力，只有一万余人马，还不到敌军的一半。如果同时攻打四门，以寡击众，极难取胜。戚继光决定集中优势兵力，共攻南门外的倭寇大营，因为那里的倭寇攻城气焰最凶。解决了这股敌人，仙游被围攻的危急可以得到缓和。他还派出两支人马，分攻东、西门外的倭营，使他们不能增援南门外的倭寇；铁山上的明军，则进攻北门倭营，牵制住那里的敌人。

进攻这天前夜，大雨滂沱，戚继光指挥部队冒雨挺进。当天清晨，雨是止了，却又起浓雾，所以倭寇始终没有发觉明军的行动。当戚家军主力赶到仙游城南门外时，倭寇正结队用八座"吕公车"疯狂攻城。"吕公车"高过仙游城墙一丈多，三面围着竹木皮毡，可以阻挡矢石。车内能容一百余人，推近城墙后，倭寇可从顶部伸出的飞桥跃临城上。戚家军见"吕公车"已在城墙跟前，仙游城正处于万分危急之中，立即向倭寇的南大营发起猛攻。攻城的倭寇唯恐大营有失，只得暂停攻城，列阵迎战。戚家军奋勇冲垮了倭阵，又用力拔掉倭营前的木栅，纵火焚烧敌营。倭寇被砍死烧死四五百人，其余逃向东门外，与那里的倭寇合在一起。戚家军主力当即分成两支，一支追杀向东门逃窜的倭寇，另一支去攻打倭寇的西营。

东门是仙游通往福州的大路，集中了倭寇的精锐，而且多设埋伏，所以戚家军打得十分艰苦。先前戚继光派往进攻东门之敌的部队，不幸中了埋伏，全部壮烈牺牲。戚家军主力之一部追到后，殊死拼杀，终于攻破了敌人的东大营。

这时，戚家军主力之另一部，正乘胜往西门杀去，会同原先攻敌西营的部队，合力共击倭寇。西营倭寇听说南营已破、东营危急，吓得心惊胆战，不敢迎敌，龟缩在营内抗拒。戚家军如同猛虎般扑去，顷刻之间就攻破了西营。

倭寇三营皆破，数千漏网之敌，拼命突围北走，企图与北营倭寇会合，同明军决一死战。戚继光亲自督率部下将士，奋力攻杀，大败倭寇，捣毁敌人的北营。倭寇全线溃败，丢下无数尸体，狼狈逃窜，八座"吕公车"也在战火中焚为灰烬。被围五十天的仙游，终于获得了解救。

仙游之战中有一股倭寇南逃，戚家军乘胜追击，斩杀了一千多人，其余的大多坠崖而死。还有一大股七千多人的倭寇，一直向南逃到了漳浦。戚家军穷追不舍，抢占了倭巢后面的高山，把敌情观察得一清二楚，然后从四面发起攻击。倭寇逃进树林中，戚家军纵火焚林，烧死倭寇千余，擒斩数百人，最后有几千名残倭流窜进入广东。到这时，福建境内的倭患基本上平息了。

广东原来就常有倭寇窜扰，但是不太严重。戚继光在浙江、福建御倭取得全面胜利后，广东倭患加剧。嘉靖四十四年（公元1565年）春，戚继光会合一年前调任广东总兵官的俞大猷，共同进剿广东倭寇。戚家军水陆两路并进，大败倭寇于梅岭。倭寇逃到福建广东的交界海中的南澳岛，在岛上筑土堡、建木城，作长期固守打算，并不时出掠沿海各地。这一年秋天，戚家军先抵南澳岛对面的海岸，用渔舟装满石头，沉塞了进出南澳岛的港口，并派兵船封锁了这个大倭巢。

在一个连续大风后风平浪静的日子，戚继光将军队分成左、中、右三路，亲自督率渡海，登上了南澳岛的一个滩头。他一面指挥将士们进攻，一面叫人将事先预备好的要求胁从投诚的文告随风散发。敌人军心动摇，戚家军乘势冲杀，大获全胜。这时，俞大猷率领广东明军乘船赶到了。戚家军与友军会师后，集中兵力猛攻倭寇老巢，将敌人城寨、船只全部焚毁，只有残倭八百余人乘小船死战逃脱。第二年，戚继光和俞大猷部下又南进追击，将这股残敌彻底消灭。

从戚继光平倭之后，浙江、福建、广东等省，再也没有发生过大股倭寇猖狂入侵的事件。

老百姓歌颂抗倭英雄，东南几省到处传唱着这样的歌谣：

生我呵父母，长我呵疆土。

我生不逢时啊，疆土多遭倭寇侵辱。

救我再生呵，就是戚元辅（即戚继光）……

老百姓纪念爱国先辈，福建沿海有些地方至今还有吃"光饼"的风俗。"光饼"是一种中间有孔的圆形小烙饼，烤得焦黄香脆，可以用绳子串起来挎在身上，据说这是当年戚继光发明的：他让士兵行军时带的干粮，就是这个模样。福建东部民间还盛行"曳石"的娱乐。据说一次倭寇趁中秋节进攻福建东部一座县城，由于戚家军主力外出作战，城中守备空虚，但戚继光早料到倭寇可能会来，授计全城居民，用绳子拖曳着石头满城穿行。倭寇听得城中轰轰隆隆作响，仿佛千军万马在调动，吓得掉头就逃。从此，每年八月半，老百姓就曳石为乐，流传到今天，已成为民间体育运动的一个项目。

4．北守长城线

戚继光抗倭东南十多年，身不卸甲，马不停蹄，终于消灭倭寇，实现了年轻时的抱负："封侯非我意，但愿海波平。"

但是，这位英雄还有一件放不下的心事，那就是北方边境的保卫。

他之所以这么牵挂北方边防，不是没有原因的。虽然明朝政府在"庚戌之变"后加强了北方的防御，除在军事重镇蓟州（今河北省长城内东起山海关、西至居庸关及天津以北一带）长驻大军外，并在蓟州西面增置了兵力。但鞑靼贵族骑兵仍然不时地进至内地骚扰蹂躏。从发生"庚戌之变"的嘉靖二十九年（公元 1550 年），到戚继光平倭获得全面胜利的嘉靖四十五年（公元 1566 年），前后十七年中，镇守蓟州的大将因为没有能阻遏鞑靼犯边而被朝廷撤换的，竟有十人之多。所以，戚继光在平定了倭寇之患后，很自然地就把目光转向了北方边境。

隆庆元年（公元 1567 年），由于鞑靼的右翼俺答再次进犯山西，鞑靼的左翼也入寇蓟门，明朝政府觉得边患如此严重，非有精兵良将不能防御，因而调英勇善战而又练兵有方的戚继光到北方，不久，委任他为镇守蓟州等四镇的将帅。

戚继光上任后，亲自沿着防区内的长城线巡视，看到从山海关到居庸关这段长城，每年修每年损坏，城墙多处缺口。虽然每隔一段距离筑有一个砖石小台，但是台与台之间毫无联系，既不能掩蔽士兵，又无处贮存军火。为了发挥长城的作用，巩固明朝的边防，戚继光向朝廷建议，不仅要加高加厚城墙，而且应在长城线上添建敌台（也叫空心台）他并且请求准许将自己在浙江训练过的军队调一支来，作为军纪涣散、行动拖沓的边兵的榜样。这一计划得到了朝廷的批准。隆庆三年（公元 1569 年）春，戚继光领导守边将士，开始了艰巨的筑台修墙工程。

工程一开始，正如戚继光所料，那些边兵由于向来没有受过严格的训练，突然要他们遵守军纪，艰苦作业，一时上还真有些困难。幸好没有多久，戚继光一员老部下奉他的命令，调募三千浙江兵到了蓟州。这三千士兵大多数是戚继光平倭时训练并指挥作战过的，纪律十分严明。军队到达的那天，正逢大雨，浙江兵列队郊外，从早上一直站立到傍晚，个个浑身淋得湿透，也没有一人离队或坐下的。守边将士见到这种情景，无不吃惊，才知道戚继光治军严厉，将令不可违，军法不可忽。从此，过去散漫懈怠的恶习，逐渐得到了革除。

戚继光一边指挥上兵筑台修墙，一边训练车、马、步三军。隆庆五年（公元1571年）秋，防区内的长城全部修竣，一千余座敌台都已经完成，部队的战斗力也有了显著提高，从而大大增强了明朝北方的防御力量。

从隆庆二年到万历十一年（公元1568年到1583年），戚继光坐镇蓟州十六年，不仅牢牢守住了边防，还曾东进援辽，给犯边之敌以重创，终于使中国北部、西北部的游牧部族统治者不敢南犯，蓟州全境军民安居乐业。但是他的身体已经一年不如一年，从东南御倭时因感受暑湿落下的病根，到这时愈加厉害，常常吐血、失眠，甚至晕厥。可是，他始终不甘病老，勤于职守。有人劝他好好休养，少干点事。他回答说："武将本来就应当死于本职。我没有战死在沙场，算是有幸吧。现在我既然守卫着千里边疆，就应当使敌人一支箭也射不进来；控制着河桥道路，就应当使敌军一匹马也不能渡越。我想的是，要做到让塞外部落首领不再犯边，使本朝百姓免征戍兵役之苦；此外，还要把自己一生战斗和练兵的经验教训总结整理出来，供后人参考借鉴。这是我平生报国之诚，也是我封疆大臣之职啊！"

戚继光确实这样做到了。这位爱国先辈、抗倭名将，留下的军事著作《纪效新书》、《练兵实纪》等，是我国军事科学一份宝贵的遗产。

万历十五年（公元1587年）冬日的一夜，年方花甲的戚继光病势突然加重，一躺下就不省人事，于黎明前溘然长逝，

后葬在登州城东南芝山山麓。老百姓爱戴抗倭英雄，尊敬爱国先辈，不是戚氏后人也不时前往戚继光墓前祭奠。浙江、福建一带至今流传着许多关于戚继光和戚家军抗倭的生动感人的故事和传说。

袁崇焕横戈报国

1. 请缨出关

中国古代的女真民族，曾在公元 12 世纪建立过强盛一时的金朝。到明代时，女真各部落中，以定居于浑河平原的建州女真最为强大。公元 1616 年（明万历四十四年），建州女真杰出的领袖爱新觉罗·努尔哈赤登可汗位，建立了金朝，史称后金。为了向内地扩张势力。两年后他即开始了对明朝的军事进扰。

由于明朝政治十分腐败，皇帝昏聩，宦官专权，正直爱国的大臣遭到排挤，后金军队得以横行无忌，先是占领了整个辽东，到天启二年（公元 1622 年）初，竟大败十四万明军，把辽西的军事重镇广宁（今辽宁省北镇县）攻陷了！

广宁失守、明军大溃的败报传到北京，明朝政府一片慌乱。朝廷内部，有人主张在山海关外抵抗后金，形势好的话再收复辽东；也有人提议退守关内比较安妥，关外的土地索性放弃。明熹宗皇帝举棋不定，就让大学士孙承宗兼任兵部尚书，督理军务。不久，又委任原兵部侍郎王在晋为辽蓟、天律、登莱经略使，到山海关指挥军事。

孙承宗、王在晋受命后，到兵部召集官员商讨行动方略。可是，兵部所有在京的官员都来了，独缺一位职方主事（兵部管地图的小官）袁崇焕。更可怪的是，正当兵部要派人到袁主事家去找他时，他家里人却上兵部来寻他，说袁崇焕已有好多

天没有回家，即使部里公事忙，也该托人捎个信儿呀。

兵部少了个职方主事倒无关紧要，可袁崇焕这时到底上哪儿去了呢？说来真叫人难以置信：在这朝廷上下乱哄哄的时刻，他却单人匹马地奔驰在关外！

袁崇焕是广东人，平生慷慨有胆略，喜欢读兵书，还常向退伍的老兵等人询问北方边防情况和地理形势。明军广宁大败后，他很为东北的得失担心，为国家的安危忧虑。但是，山海关外边他从来没有去过，究竟怎么退敌心中也无数。百闻不如一见。为了掌握情况，知己知彼，他既不跟同事们打个招呼，也不向家里人关照一声，自个儿跨马出关去了。

不多几天，袁崇焕驰回北京，向朝廷报告了关外形势，并且自告奋勇地请命说："只要给我兵马钱粮，我一个人就足以将关外的防御责任承担起来！"

在朝廷大臣大多束手无策的时刻，有人挺身而出愿意承担重任，那可太好了。明熹宗于是擢升袁崇焕为佥事，到山海关外监督军事，并招集溃散于那一带的士兵。

袁崇焕到了山海关。经略使王在晋正想派个人到关外七十里的前屯（今辽宁省兴城县西南）安抚流离失所的百姓，就把这个任务交给了他。袁崇焕二话没说，连夜动身，在荆棘丛生、虎豹出没的荒山野岭里奔驰了大半夜，于四更时分赶到了前屯。

由于关外刚遭受过兵乱，道路阻塞，尸骨遍野，加上气候严寒，冰天雪地，驻守前屯的将士，怎么也想不到此时会有人从关上来。他们对袁崇焕不畏艰险的豪气壮胆佩服得不得了。袁崇焕安顿了防务，抚慰了百姓，当他了解到广宁南面的十三山还有十几万老百姓没有撤出来，就迅速奔回山海关，向王在晋作了报告，并且建议立即派兵五千进驻十三山西南的宁远（今辽宁省境内），同进派遣猛将救出困在十三山的难民。

"驻兵宁远？"王在晋连连摇头，"那不是离山海关太远了吗？"

"可是，离辽河前线可要近得多了呀！"袁崇焕想的跟王在晋就是不一样。

"不行，不行。我正要告诉你，山海关的得失关系重大，我预备在关外八里铺筑一道重关，驻军四万，形成关外有关，内外相依……"

"八里铺筑重关？这样布置我以为没有一点意义。假如八里铺新关可以坚守，山海关又有什么用？假如八里铺新关守不住，则四万将士败退到山海关时，你是打开关门让败兵和敌军涌入，还是紧闭关门让败兵死于敌手？"

王在晋被问得张口结舌，只好摆开经略使的架子，呵斥道："辽东军事我比你懂得多，要守住山海关，一定要筑八里铺重关！"

袁崇焕索性戳穿他的心思，义正词严驳道："你身为封疆大吏，却只知闭关自守，照这样下去，辽东局势何日可以安宁！"

"哼，我已把奏疏送往京城，只待朝廷批准，马上在八里铺筑新关！"王在晋恼羞成怒喊道。

袁崇焕不再与他争辩，赶紧也给朝廷写了一份奏疏，说明筑八里铺新关的错误，申述驻军宁远的必要。

两份奏疏差不多同时送到了京城。孙承宗主动要求往山海

关决策，得到明熹宗同意。他很快到了山海关，问过王在晋筑八里铺新关的意图后，又个别找了袁崇焕，要他说说驻军宁远的理由。

"驻军宁远，从眼前说，可以救出十三山的十几万难民；从长远说，宁远在山海关外二百里，等于把前线推进了二百里！"

孙承宗十分赞赏袁崇焕的爱国忠心和进取精神，急切地问："宁远当地的军事形势又如何？"

"宁远东集渤海，西连山峰，进可以攻取锦州，退——"袁崇焕说到退字，突然闸住了声。

"退怎么？"

"退可以与山海关呼应。不过，要是让我镇守宁远，我宁死也绝不后退一步！"

孙承宗听了，既振奋又高兴，转身又去与王在晋商议。可是王在晋固执己见。孙承宗只好回京城向朝廷报告情况。

由于王在晋不肯采纳袁崇焕的建议，贻误了时机，就在孙承宗返京后不久，十三山的十几万难民遭到后金军的掳掠，绝大多数被杀被俘，只有六千人死命逃进了山海关。

当年八月，孙承宗自请督师关外，接替王在晋。他一到山海关，先是命袁崇焕负责建造军营，整顿了部队，然后又亲自巡视宁远，命部将祖大寿加紧修筑宁远城墙。第二年九月，他正式派遣袁崇焕以宁前（宁远和前屯）兵备佥事的身份，领军镇守宁远。

2. 坚守宁远

袁崇焕到了宁远，发觉祖大寿修筑了一年宁远的城防工程，可完成的还不到十分之一，于是当面责问道："孙经略命你修筑宁远城墙，你怎么竟不当一回事？"

祖大寿作战勇猛，因而对文臣出身的袁崇焕不大服气，轻描淡写地说："宁远离山海关那么远，恐怕很难守住。再说，朝廷大臣大多只想保住山海关，到时候一纸命令说要放弃宁远，咱也只好服从。如果现在把城墙筑得又高又厚，不是反而留给敌人吗？"

"我既已奉命坚守宁远，只有伺机进取，绝不弃城后退！"袁崇焕斩钉截铁地回答，然后向祖大寿明白交代了修筑宁远城墙的要求，命令他抓紧时间，尽快完成。

听了袁崇焕一番话，祖大寿崇敬之意油然而生。不到一年，宁远已成为一座可以坚守的前线要塞，关外的一大军事重镇。许多流亡在关外的老百姓，都到宁远一带定居生产，商人们也纷纷来做买卖。

正当宁远城墙竣工的时候，袁崇焕的父亲在广东老家去世了。但他绝对不能离开惨淡经营的边防军务而离职回家守孝，照旧留在任上。在这以前，家乡曾有一位朋友来看他，临别时，袁崇焕写过一首七律，抒发了自己的志向抱负：

五载离家别路悠，送君寒浸宝刀头。
欲知肺腑同生死，何用安危任去留？
策杖必因国雪耻，横戈原不为封侯。

故园亲侣如相问，愧我边尘尚未收。

　　他早已将生死付与国事，自然不必为安危去留操心；他早就誓志杀敌报国，横戈当然不是为了封侯。他负愧的是，边境并没有安宁，战事并没有结束；他要努力的是，彻底平定边患，收复明朝疆土。

　　当年秋，袁崇焕又亲自率领一万二千水陆马步军，东巡广宁，越十三山，抵右屯（今辽宁省境内），然后回到宁远。通过这次东巡，他看到明军广宁汉败后，后金军只是在那里掳掠破坏了一番，并没有派兵占领，于是向孙承宗建议：抓住这一有利时机，驻军锦州、右屯，再把边防线向前推进二百里。

　　孙承宗很重视袁崇焕的意见，不久即分遣将领驻守锦州、右屯及大小凌河，又收复了二百里失地。

　　这时，明末祸国殃民的魏忠贤宦官集团，已愈来愈猖獗。他们不仅在朝中恣意妄为，甚至阴谋控制军队，居然制造了一个借口，让皇帝免去了孙承宗督师关外、经略辽东的职务，由他们的党羽高第接替。

　　高第对后金军怕得要死，一到山海关，就下令撤掉锦州、右屯和大凌河等地的城防，把将士们统统调回山海关内。

　　袁崇焕得知高第发出这样的命令，气得须眉倒竖，对部将们说："咱们花了多少心血经营边防，好容易进军到锦州一线，可恨高第连敌人的影子都没有见着，就要放弃这二百里土地！"说罢，他把军务交给将领们，自己跨马驰向山海关，去与高第当面争辩。

　　高第没料到袁崇焕会在这个时候来，冷冷地说："你到关上来做什么？"

"大人传令撤掉锦州、右屯、大凌河三城驻军，我认为是错误的。"崇焕单刀直入地回答。

"怎见得我是错误的？"

"如今敌我相持不下，以先占地得城守卫者为上。三城既然已为我克服，岂能轻易让出？"

"锦州、右屯离山海关太远了，不守也罢。"

"不！锦州、右屯动摇，则宁远、前屯震惊，山海关也就失去了保障。再说，国家的土地，将领守卫有责，怎么可以随便放弃！"

高第吟哦了一阵，还是摇头："只怕锦州、右屯、大凌河要守也守不住，失陷后反而影响了守山海关军队的士气。"

袁崇焕把胸一挺，跨步上前："只要派遣良将镇守，锦州一定能保住。我虽不才，愿往锦州！"

"你——"高第愣了一愣，"我正想同你说，宁远、前屯也不要守了。我决策已定：放弃关外，集中兵力固守山海关！"

袁崇焕没有想到高第胆怯懦弱到这等地步，但是尽管如此，宁远、前屯是国家的土地城池，无论如何也不能放弃，他坚定不移地表示："我是宁远、前屯的守将，保城有义务，卫国有责任，死也要死在任上，绝不离开半步！"

说罢，袁崇焕昂首阔步跨出厅堂，上马驰回宁远去了。

高第拿他没有办法，只得催促着将锦州、右屯、大凌河等城的守具全部撤掉，驱赶驻兵入关。由于行动仓促，屯在关外的十多万石米粟全部丢弃，百姓冒着严寒颠沛逃难，途中死尸狼藉，哭声震动原野。

锦州等城的防卫既已解除，后金军即乘虚而入。天启六年（公元1626年），努尔哈赤亲领十三万大军，西渡辽河，占领了锦州等城，接着，便向宁远逼近。

这时，驻守宁远的只有一万多兵马，其中一部分人还因为受到高第撤军的影响，对抵挡敌军失去信心。袁崇焕特地把将领们召集到一起，指着昨天夜里刺破自己臂膊写成的血书说：

> 敌人很快就到宁远，这正是咱们立功报国的紧要时刻。我已写好血书，誓死和宁远共存亡！

将领们读了血书，十分感动，众口一词表示说："咱们都愿意服从将军号令，奋勇作战，杀敌报国！"

"好。既然如此，诸位请受袁某一拜——"

袁崇焕说着，当真跪下拜了起来。将领们连忙上前搀扶，喊道："不敢，不敢！"

"我是为国家为百姓拜谢诸位……"袁崇焕边说边流下了眼泪。

为了广泛动员军民，袁崇焕下令将城外居民全部迁入城中，并当着全军将士的面，向前屯和山海关守将各发去一道命令：凡有宁远将士逃往那儿的，一律斩首！

再说努尔哈赤从渡过河后，一路西进，没有见过明军一兵一卒，以为可以横行到山海关。驰近宁远，他遥遥望见城墙高大坚固，雉堞完备；城上旗帜鲜明，刀枪林立；敌楼当中架着一门大炮，更是从来没有见过的东西。他不敢贸然进攻，吩咐离城五里扎营，明日攻城。

次日一早，努尔哈赤迫临城前，忽听得城楼上一声鼓响，竖起了一面绣着"袁"字的大旗，旗下站着一员戴盔披甲的大将。他催马上前，大声喊道："你是守城的主将么？现在关外各城，都已经被我占领，区区宁远，不在话下。你如献城投降，可以享受高官厚禄；否则城被攻破，悔之晚矣！"

"我袁崇焕奉命守城，岂肯投降！你无理犯我边界，管教你有来无回！"城上的大将冷笑答道。

努尔哈赤下命令攻城。袁崇焕早有准备，一声令下，矢石齐飞。后金军前队倒下一批，后队以盾牌掩护，逼近城墙，有的架云梯爬城，有的挖墙脚打洞。袁崇焕命令军士朝敌人密集的地方开炮。霎时间巨响震地，烈焰腾空，弹丸四散，打得后金兵血肉横飞，争相逃命。努尔哈赤眼见部下伤亡惨重，只得收兵回营。

第二天，后金军继续猛攻。袁崇焕精神抖擞，指挥将士放炮的放炮，射箭的射箭，或抛掷石头，或投扔火把。后金军成片倒下，努尔哈赤本人也负了伤，拨转马头就跑，部下官兵无心再战，纷纷逃窜。

袁崇焕在城上瞧得分明，立即率领将士冲出城门，乘胜掩杀了三十里，歼灭后金官兵一万多人。

努尔哈赤带着残兵败将，一直退到快近沈阳了，才停下歇口气。他连连叹息："我从二十五岁带兵作战以来，战无不胜，攻无不克，何独这个宁远城却打不下来！"由于心情忧郁，半年后，这位六十八岁的女真族杰出领袖，清朝建立后被追尊为清太祖的努尔哈赤，就因患背疽毒发而去世。

3. 宁锦大捷

努尔哈赤西渡辽河、兵逼宁远时，明朝大臣们大多说，这一回宁远城必失，袁崇焕必死，关外反正完了。想不到袁崇焕居然打败了敌军，守住了宁远，满朝文武读了捷报，无不大出意外。明熹宗又惊又喜，不久便升任袁崇焕为辽东巡抚，主持关外军事。

袁崇焕绝不满足于已取得的胜利，他时刻想着怎么积蓄力量，等待时机，收复失地。正是为了这一目的，当八月间努尔哈赤去世，由他第八子皇太极即位时，袁崇焕便派人去沈阳吊丧，乘机窥测后金虚实，试探皇太极的态度。皇太极也想同明朝暂时休战，以便巩固自己的地位，并腾出手来对别处用兵，就回书表示愿意议和。袁崇焕趁着战火暂息的机会，抓紧修筑了锦州等前线三城的防御工事，并亲自前往巡视，组织军民屯田，作长期战备打算。

皇太极从袁崇焕修筑锦州等城的行动，看出了对方的用意。所以，天启七年（公元1627年）五月，他刚一结束别处找事，即亲率十五万大军，攻打锦州。

由于锦州城墙早已修筑完备，将士们抵抗又很英勇，后金军动用了各种攻城器械和马步两军，轮流进攻，从上午一直鏖战到半夜，尸体堆满城下，还是不能得逞。

第二天，皇太极带着大队骑兵，绕城而行，企图寻找适宜进攻的薄弱环节。当他驰到城南一带时，与山海关总兵满桂奉袁崇焕之命带来的一支明军遭遇。锦州守将乘机率领士兵，杀出城去，与满桂配合，前后夹攻后金军。后金兵马腹背受敌，立时大败。

皇太极攻不下锦州，改变目标，绕过锦州去袭击宁远，预备先打下宁远，然后进逼关内。后金军赶到宁远郊外时，恰恰遇着由袁崇焕派出的祖大寿率领的队伍。当皇太极与祖大寿部下四千明军精骑激战时，后面又有一队明军赶到，原来是满桂的队伍，从锦州城下一直尾追到了宁远。双方混战多时，伤亡都很严重；直到黄昏，明军驰入宁远城休息，皇太极也下令过夜。

当宁远城下双方激烈混战时，城上不便开炮；为了留存继续战斗的力量，袁崇焕也没派兵出城助战。第二天后金军再来攻城，那些大炮可就猛烈怒吼起来。炮弹打得又准又狠，其中有一发还击碎了后金中军大帐。明军弓箭手也箭无虚发，射得敌人纷纷倒下。后金将领在战斗中有三十多人丧命，士兵伤亡更是不计其数。

皇太极又懊恼又丧气，只得收兵，次日再战。袁崇焕看准敌人锐气已尽，亲率将士出城冲锋；城上同时开炮，朝敌人密集的地方打，往敌人逃跑的方向打。鏖战到天黑，后金军损失惨重。皇太极瞪着岿然屹立的宁远城墙，恨得咬牙切齿，却又无可奈何，只得连夜撤兵。部队经过锦州时，他想再打打看，可是部下的将士已筋疲力尽，结果又多了一批伤亡。最后，他带着残兵败将，跑回了沈阳。

明军这一次保卫锦州和宁远的胜利，被称为"宁锦大捷"。有一份捷报这样说：十年来调动全国的军队，不敢与敌人面对面地决一胜负；去年宁远退敌一仗，也只是从城上发射炮火矢石。这次明军与敌人正面交锋，一战而克，真是过去从来没有

过的大胜利!

宁锦大捷功勋最卓著的当然数袁崇焕。可是，魏忠贤一伙竟攻击诬蔑他没有发兵救援锦州。袁崇焕不屑向朝廷申辩，也无力与宦官抗争。就在关内关外军民欢庆宁锦大捷的时候，他被迫称病辞职，回到了广东家乡。

4. 入援京师

袁崇焕辞职回乡后一个月，明熹宗病死，由他兄弟即位，为崇祯帝。崇祯帝似乎看到了明朝危亡的大势，上台后两三个月，即罢黜宦官集团，迫使魏忠贤自杀。朝廷大臣争着提议召请袁崇焕，崇祯帝也就重新起用他督师蓟、辽，兼督登、莱、天津军务。

崇祯元年（公元 1628 年）七月，袁崇焕一回到北京，就呈上奏疏，陈述明朝边防形势，提出东北军事方略，并向皇帝说：

> 按照臣的方略，大约五年可恢复全辽。但这五年之内，臣愿得朝廷支持，户部应给军饷，工部应给器械，吏部应给用人之权，兵部应许调兵选将。

崇祯帝正为边患焦虑，听了自然高兴，答应关照各部。接着，袁崇焕说出了自己最担心的事：

> 以臣之力，戍金辽有余，防众口不足。因为臣一离京城，就无异在万里路外，最怕有人忌能妒功，即使不以权

力掣臣之肘，也将以议论乱臣之谋。愿陛下任而专一，信而不疑，只要看大局是成是败，不必指责一言一行。须知，守边将官责任既重，别人对他的私怨亦多；所做的事愈是有利于国家，往往也就愈是不利于他个人。陛下特别要防备敌人施用反间计，这是最叫守边将吏畏惧而又无可奈何的！

崇祯帝安慰了袁崇焕一番，叫他尽管放心。谁知，袁崇焕所担心的事，后来果然发生。

八月初，袁崇焕再度来到宁远，立即致力于整顿军队部署兵力。然后，他便着手解决皮岛（黄海北面鸭绿江口外约八十里的海岛）毛文龙的问题。

毛文龙是明朝将领、魏忠贤的余党。他占据皮岛八年，拥兵自重，跋扈一方，常与后金走私牟利，甚至杀害无辜百姓冒充敌人的首级向朝廷请功。崇祯帝即位后，朝廷大臣大多觉得留着毛文龙不仅难以控制，日久反而是个祸患，但是一时间也没有办法。这次袁崇焕到关外督师，发现毛文龙不但狂妄自大，简直无法无天，便下定了为国除害的决心。他亲自到离皮岛不远的双岛劳军，暗中埋伏甲士，一声令下，将毛文龙捆了个结结实实。

毛文龙被擒，暴跳大叫："我是朝廷所封的平辽将军，你身为督师，岂能擅绑大将！"

袁崇焕微微冷笑，严正宣告了毛文龙十二条罪状，如专制一方，残害百姓，贪污军饷，与敌走私，网罗势力，劫掠商船，强夺民女，草菅人命，虚冒战功，观望养敌等等，最后指

斥说："十二罪中只要有其一，便当斩首，你十二罪俱犯。理当斩首不赦！"

这十二条罪状，事先都经过周密调查，证据确凿，不容置辩。毛文龙听了，魂飞天外，磕头求饶。袁崇焕喝了声："斩！"旗牌官将毛文龙斩于帐前。

可是，袁崇焕在为加强东北边防尽心努力的时候，整个明王朝的政治危机却在加深。崇祯二年（公元 1629 年）十月末，皇太极率领数十万大军，绕过袁崇焕镇守的宁远等地，分兵三路，从山海关以西的大安口、龙井口和洪山口，突入长城。

袁崇焕得知后金军已入长城，急忙挥师入关，比皇太极早一步抵达蓟州，立即命令部下将士，设防堵截后金军。

皇太极想不到袁崇焕这么快就到了蓟州。他领教够了袁崇焕的厉害，就设下一条金蝉脱壳的妙计，亲率大队人马悄悄出发，连夜绕过袁崇焕的军营，然后由通州直趋北京。

次日天亮，袁崇焕察觉了后金军的诡计，决定马上率军西进，捍卫京城。部下一员将领以为不妥，劝阻说："我军入关赴援，是情急之计，并没有得到朝廷命令，所以只宜追击敌军，而不应当赴京招惹嫌疑。怕只怕万一皇上怪罪，督师担当不起！"

在封建社会，因为皇帝害怕驻守地方的军队谋反，所以没有命令是不准他们率兵进京的。对于袁崇焕，这一点尤其要紧，当年努尔哈赤死时他吊丧致书，就曾被怀疑有通敌大罪，因此崇祯帝特别规定他不得率部进入山海关。但是军情如此紧急，袁崇焕心里只有一个念头：保卫京城，保卫国家！皇帝怎么想，别人怎么说，全都不管了！他当即回答那将领："我之所以入关赴援，是为了不让敌军犯我京城；如今敌军已奔袭北京，我岂能避嫌不进！这个时候去追击敌军，至多只能咬住它的尾巴，却不能阻截住它的前锋。我最怕的就是京城有失，社稷危亡啊！"

"可是，"那将领又说，"督师部下现在只有两万多一点将士，怎能阻挡得住数十万之多的敌军兵马呢？"

"这我想过了。敌军虽说兵马众多，但是我只要敌住它的前锋，就能为朝廷调集勤王之师争取到时间。一旦勤王之师赶到，加上驻京守军和我的部队，就一定能打垮后金军！"

"后金军是昨夜离开这儿的，我军现在出发，已经迟了一夜，能追上就不错了，赶到前头，恐怕更难……"

"不，我亲自带九千骑兵，轻装疾驰京城，是可以抢在敌军前面的。至于其余一万多步兵，随后迅速跟上，也就是了。"

袁崇焕说罢，传下将令：骑兵带上干粮，立即出发！

九千骑兵在袁崇焕亲自率领下，人不离鞍，马不停蹄，从南面抄近路，两天两夜疾驰三百里，终于比后金军抢先一步，赶到了北京城下！

后金军的前锋，在北京东郊发现了袁崇焕的侦察骑兵，大吃一惊，叹道："袁督师的兵马，简直是从天而降！"士兵把这一消息报告皇太极，皇太极也感到十分意外。

敌人对袁崇焕的出现，异常惊惶；京城军民对袁崇焕的来到，分外欣慰；而朝中一些魏忠贤的余党，则又嫉又恨，纷纷散布恶语攻讦中伤。有的说："袁崇焕镇守关外，没有皇上的命令，岂可擅入蓟州？既然到了蓟州，又怎么放敌人越过蓟州西进？莫非其中有诈！"也有的说："倘若说敌军是偷偷越过蓟州西进的，理应比袁崇焕早到京城，怎么敌人还没有来，袁崇焕反而先到了呢？八成儿是他替敌人做向导做内应来的！"

崇祯帝对于袁崇焕率军赴京，因而增加了守城的兵力这一点，当然感到宽慰。可是，关于袁崇焕可能通敌的谗言，却更让他惊恐疑惧。所以，当袁崇焕提出将士们远道疾驰疲惫，请求入城休息然后御敌时，崇祯帝怎么也不肯答应，只叫他将部队驻扎在城东南的广渠门外，迎战敌军。

袁崇焕守住了城东南的广渠门，皇太极不想硬碰硬，就去攻城西北的德胜门。后金军与明军在德胜门外大战。明将满桂奋勇杀敌，城上守军也猛烈开炮轰射金军，迫使后金军后退。

皇太极见德胜门一带大炮厉害，不敢再攻，自忖袁崇焕虽狠，也不过万把人马，还是先打败了袁崇焕，然后架云梯爬城。他让部下将士休息了一夜，次日上午，便亲自率领大军猛攻广渠门外的袁崇焕阵营。

袁崇焕与部下将士早已严阵以待，敌军一到，立即迎战。双方厮杀到下午，转战十余里，直杀到运河（南北大运河北端）边上。激战中，袁崇焕头戴银盔，身披铁甲，果断指挥，英勇冲锋。有一次，敌人的刀都砍到了他的后颈脖，幸亏一员部将眼疾手快，急忙用长枪去格，长枪被砍断，他才没有阵亡。最后，明军牺牲了数百人，而后金军死伤一千来人，还有一些骑兵踩在运河冰面上，因为冰不够坚厚，陷落水中淹死。

皇太极眼看不能取胜，匆匆收兵，叹息道："我打了十五年的仗，从来没有碰见过这样厉害的对手！"

过了几天，皇太极又对北京城东南地方作了一次进攻，结果仍然给袁崇焕打败。

5. 英雄蒙冤

屡战屡败的皇太极,他觉得只要袁崇焕在就不可能取得胜利。这位熟读《三国演义》的军事家,猛然想起赤壁大战前夕周瑜对曹操施行反间计的故事,心里有了个绝妙的主意。第二天上午,他单人匹马往袁崇焕军营那边跑了一圈,然后又疾驰回来,即传令拔营南撤。

后金军在北京城市郊扎下了大营。当天夜里,皇太极指使两员部将,在关押着俘虏过来的两名明朝太监的营帐外面,窃窃议论道:"你知道今天咱们干吗撤军吗?"

"不清楚。我只看到上午皇上独自骑着马到广渠门那边去了一会,回来就传令拔营了。"

"嘻,你咋不知,皇上与袁督师早有密约,要逼迫明朝天子在城下屈辱订盟,现在看来,大功快要告成了呢……"

这两员将领说着说着,声音渐渐远去。两个太监可把他们的对话,全都灌进了耳朵里。

夜深时分,两个太监发觉监禁他们的后金军士睡得死死的,就钻空子溜出后金军营,直奔入北京城南门。

崇祯帝生性本来就好猜疑又急躁,听了两个太监的话,马上同先前的印象联系了起来:袁崇焕致书皇太极,袁崇焕擅杀毛文龙,袁崇焕违命进入山海关,袁崇焕比敌军先到北京城,袁崇焕借口部队疲劳要求入城,袁崇焕与皇太极早就订有密约,怪不得他们碰头说些什么后后金军就南撤了……

他越想越当真,越真越慌乱,浑身都冒了冷汗,赶紧把已经派遣兵将追击后金军的袁崇焕召入城内,进宫责问:前番为什么擅杀毛文龙，这次又为什么逗留不杀敌？

袁崇焕怎么也想不到崇祯能如此怀疑自己，如此诘问责难，一时无言答对。崇祯帝见他答不出话，愈加自作聪明地以为是心虚所致，当即下令将他逮捕下狱。

消息传出，袁崇焕部下将士既惊惶且哀痛，啼哭声怨愤声彻夜不绝；有的士兵还往城上扔石块，骂奸臣，表示心中的不满。不几天，部将祖大寿等带着所部兵马，以及袁崇焕被捕后才赶到北京的大队步兵，一起奔向山海关而去。

祖大寿等带走的一万五千将士，是明朝当时保卫京城抵抗后金军的主力，也可以说只有这支军队能与后金军拼打硬仗。崇侦帝没办法召回祖大寿，更怕他反叛朝廷就再也不可收拾。他知道袁崇焕在部队中具有极高威望，就派一名官员到狱中，要他写一封亲笔信给祖大寿，叫祖大寿服从朝廷命令，不要轻举妄动。

袁崇焕对崇祯帝不分是非功罪，感到愤恨不已。他回答那官员说："祖大寿之所以听我的话，还不就因为我是督师吗。如今我已是罪人，说的话还顶什么用呢？"

那官员提醒说："督师忠心为国，天下尽知。只要有利于国家，督师一向连身家性命都在所不计。请督师想想，写信给祖大寿这件事，究竟对国家有利还是无利，写与不写也就可以决定了。"

袁崇焕把这几句话咀嚼了一番，心想，崇祯帝有负于我，我可绝不能有负于国家。他当下写了一封语气极其诚恳的信，要祖大寿等以忠义为重，杀敌报国，把信交给了那官员。

已经代替了袁崇焕督师职务的孙承宗，立刻派一员部将追上祖大寿，出示了袁崇焕的亲笔信。祖大寿捧着那封信，边读边哭；全军将士听了，也无不流泪。但他们对皇帝对朝廷既惧且恨，还是不肯回去。

祖大寿有个年逾八旬的老母亲在军中。她听到哭声，问知此事，就对大家说："袁督师在狱中还写这样的信，正说明他的耿耿忠心。你们何不杀敌立功，再向皇上恳求保留大帅的性命！"祖大寿和将士们平日就受到袁崇焕爱国报国的教诲，听了这话，当天就回师入关，领受孙承宗的指挥，收复了不少失地。

这时，皇太极因为自料难以攻下北京，已撤兵东行，明朝的局势有了好转。魏忠贤的余党为了打击袁崇焕等正直官员，同时也企图替魏忠贤宦官集团报仇，竟恶毒攻击袁崇焕擅杀毛文龙，是应敌人的请求；与后金私订密约，是卖国欺君。他们中有人甚至连上五疏，要求将袁崇焕处以死刑。

崇祯帝早有先入之见，认为袁崇焕犯了叛逆大罪，是没有疑问的，因而下诏将他凌迟处死，并把他的亲兄弟，连同七旬的老母、几岁的幼女，流放到三千里外的边远地方。

老百姓对于是非曲直，最为分明，对于忠奸功罪，最能评判。袁崇焕下狱后，有的官员上疏为他鸣冤，也有的官员率全家四十余口愿入监代他受罚；还有一个平民老百姓，上疏表示如果皇帝要杀死袁崇焕，自己希望与他一起被斩首；袁崇焕旧部将士，也天天有人跑到孙承宗处痛哭诉冤，以生命担保袁崇焕无罪，愿代袁督师一死……

袁崇焕冤死后，朝廷抄没他的家产，发现他当了这么大的官，宅第却异常萧条，可说是"家徒四壁"。这位爱国先辈的一生，正如他诗句所自勉的："横戈原不为封侯。"他是为边事为国家不为自己啊！